Mőbilis

모빌리스 : 문화와 예술이 된 자동차 : 이완

시간의흐름。

자동차, 인간의 욕망과 꿈의 상징

자동차에 대한 나의 관심은 바퀴 달린 장난감을 가지고 놀던 어린아이의 유희로부터 시작됐다. 한 손에 움켜쥔 미니카를 굴리며 보낸 시간들 말이다. 그때의 호기심은 자동차 자체에 머물지 않고 문화라는 더 큰 카테고리까지 성장했다.

독일과 유럽에서의 경험은 좁은 시야를 넓혀주는 계기가 되었다. 그리고 자연스럽게 이런 결론에 도달했다. '자동차는 문화다.' 성능과 산업으로서의 자동차도 궁금했지만 더 관심이 갔던 것은 이를 이용하는 사람들의 태도, 그리고 그들이 만들어낸 문화였다. 자동차 역사를 뒤적일 때도, 유럽의 여러 자동차 박물관을 찾아다닐 때도 차에 새겨진 사람들의 이야기, 그들이 만든 풍경에 더 귀가 열리고 시선이 머물렀다. 이 책은 그때 가진 궁금증을 해소하며 기록한 것들의 결과물이다.

:

인간은 멈추지 않고 끊임없이 이동(모빌리스)하는 존재다. 매일 걷고, 자동차를 이용하고, 버스와 지하철, 심지어 자전거까지, 바퀴 달린 모든 것을 통해 삶을 이어간다. 그것들 덕에 이동의 속도는 빨라졌고, 심리적 거리는 단축됐으며, 공간은 재구성됐다. 얼마나 많은 영역에서 자동차가 역할을 했는지 알고 보면 놀라게 된다. 연애의 풍경이 달라졌고, 여행의 질감과 일상의 풍속이 변했다. 그래서 자동차는 단지 금속과 엔진의 조합이 아닌, 욕망과 가치관, 우리가 쌓아 올린 예술과 문화를 비추는 거울이 된다.

이 책은 그 거울 속 풍경을 조용히 들여다보는 여정이다. 함께하는 당신이 자동차를 조금 더 따뜻하고 풍성하게 바라볼 수 있길 바란다.

Contents

1
음악과 예술이 된 자동차

영화 속의 자동차 : 샤브와 〈드라이브 마이 카〉 ·· 62

아메리칸 드림과 욕망의 아이콘 : 『위대한 개츠비』와 뉴센버그 ·· 10

브랜드 헤리티지 : 비틀스와 미니스커트, 그리고 미니 ·· 38

자동차 배기음도 음악이다 : 스트라디바리부터 할소 점머까지 ·· 28

미스터 플랜의 상상은 현실이 된다 : 예술품 경매사에서 아트 카 프로젝트까지 ·· 10

자동차, 인간의 욕망과 꿈의 상징 ·· 4

2
길 위에서 피어난 문화

- 아우토반 도파민 :: 꿈의 공간을 달리다 .. 182
- 자동차 역사를 바꾼 여성들 :: 베르타 벤츠, 플로렌스 로런스, 마담 사라장 .. 168
- 1,900억 원짜리 자동차 :: 롤렌하우트 쿠페 .. 156
- 세상에서 가장 못생긴 자동차 :: 실패의 아이콘 아즈텍 .. 148
- 가장 멋진 자동차 디자이너 :: 벤츠와 프리드리히 가이거 .. 134
- 바퀴 위에서 피어난 예술 :: 자동차 디자인의 시작 .. 122

3
디자인과 사람들

- 1인분 시대 :: 작은 차의 시대 풍경 .. 110
- 올드타이머 :: 낭만에 대하여 .. 104
- 또 다른 휴식 :: 차박에 관하여 .. 98
- 모두를 위한 버스 :: 피스칼의 마차 버스부터 전기 버스까지 .. 88
- 연인들의 은밀한 공간 :: 러버스 레인 .. 80
- 자동차 문화의 상징들 :: 모텔과 신용카드 .. 72

+
부록

- 자동차 이름의 유래 :: BMW부터 볼보까지 .. 202
- 유럽 여행 또 하나의 즐겨찾기 :: 자동차 박물관 .. 192

일러두기
- 단행본은 『 』, 신문은 「 」, 잡지와 음악 앨범은 《 》, 영화와 기타 예술 작품의 제목은 〈 〉로 표시했다.
- 외래어 표기는 국립국어원 외래어표기법에 따랐으며 관례로 굳어진 것과 입말이 더 많이 쓰이는 경우는 예외로 두었다.

음악과 예술이 된 자동차

미스터 풀램의 상상은 현실이 된다
: 예술품 경매사에서 아트 카 프로젝트까지

음악과 예술이 된 자동차

경주용 자동차에 오르는 남자가 있다. 이름은 에르베 풀랭Hervé Poulain. 프랑스 출신의 예술품 경매사다. 그가 긴장하고 있다. 인생에서 가장 흥분되는 순간을 맞이했기 때문이다. 한 노인이 소리친다. "꼭 이겨 에르베! 하지만 조금만 천천히 달려." 노인의 이름은 알렉산더 칼더Alexander Calder. 움직이는 조각, 모빌Mobile의 창시자다.

:

1940년 몽생미셸 근처에서 태어난 에르베 풀랭은 경매인이자 수집가, 또 작가이며 아마추어 자동차 레이서다. 대중이 그를 주목한 것은 훌륭한 경매사이거나 몇 권의 책을 낸 작가여서가 아니다. 자동차 업계 역사상 가장 성공한 예술 프로젝트와 밀접하게 관련이 있기 때문이다. 나는 에르베 풀랭의 인생이 행복했다고 단언한다. 왜냐하면 그는 자기가 좋아하는 모든 것을 경험하고 가진 사람이었으니까.

미래를 고민하던 학창 시절, 풀랭이 관심을 보인 것은 특이하게도 골동품 가구였다. 어린 나이에 골동품이라니. 특히

18세기 말에서 19세기 초에 유행했던 엠파이어 스타일의 예술품과 가구에 매력을 느꼈다. 이 범상치 않은 취향의 학생에게 선생님은 경매사를 권했다. 에르베 풀랭은 발표 때 떨지도 않았고, 능숙한 말솜씨로 설득하는 재주가 있었다. 그의 취향과 재능 모두를 살릴 수 있는 직업이 경매사라고 판단한 선생님의 기대와 달리 그는 대학에서 법을 전공하며 변호사를 준비했다. 그런데 운명의 신은 선생님 편이었을까? 풀랭은 결국 경매사의 길로 들어섰다.

경매사가 된 후에는 열정적으로 예술 세계에 빠져들었다. 동시에 아마추어 자동차 레이서로도 활약했다. 운전을 곧잘 하던 동생을 눈여겨본 형의 권유가 결정적인 계기였다. 경매사로, 그리고 레이서로 경력이 쌓이자 자연스럽게 자신의 관심 분야였던 경매, 예술, 그리고 자동차를 하나로 묶는 작업에 집중했다. 1973년 접점이 없어 보이던 자동차와 예술의 융합을 다룬 책 『예술과 자동차』(L'Art et l'Automobile)가 출간됐다. 이 책은 2년 후에 그가 시도한 한 프로젝트의 철학적 기반이 되었다.

또한 에르베 풀랭은 프랑스에서 클래식 자동차를 경매장으로 가져와 거래하는, 새로운 시장을 개척한 인물 중 한 명이기도 했다. 이처럼 안정적인 삶을 살면서 동시에 자기 일에 열정적이던 그는 어느 날부터 한 가지 상상에 빠지기 시작했다.

28세라는 늦은 나이에 자동차 레이스 세계에 뛰어든 이 프랑스인은 르망 24시 내구 레이스에 참가하는 꿈을 꿨다. 멋진 경주용 자동차를 몰며 최고 속도로 13.6km 서킷을 달리는 자신의 모습을 그렸다.

르망 24시 내구 레이스는 말 그대로 24시간 동안 쉬지 않고 세 명의 드라이버가 차를 교대로 운전하며 내구성과 성능을 시험하고 확인하는 극한의 대회다. 세계 최고의 레이스인 만큼 참가는 쉽지 않다. 일단 프로가 아닌 아마추어 레이서로서 까다로운 기준을 충족할 만큼 운전 실력이 좋아야 했다. 또 웬만큼 부자가 아닌 이상 개인 자격으로 팀을 꾸리기도 쉽지 않았다.

결국 에르베 풀랭이 자신의 꿈을 이룰 방법은 제조사가 운영하는 공식 팀에 합류하는 것이었다. 고민이 깊어졌다. '어떻게 하면 팀에 들어가 프로 레이서들과 함께 서킷을 달릴 수 있을까?' 그때 재밌는 아이디어가 떠올랐다. 예술가에게 부탁해 경주용 자동차를 하나의 작품으로 만드는 것이었다. 그 차로 서킷을 달린다고 상상해보라. 그곳을 찾은 많은 관중은 물론 이 달리는 예술 작품은 방송을 통해 전 세계인의 시선을 사로잡을 것이다. 풀랭은 누구도 해낸 적 없는 미술과 자동차의 만남을 자동차 회사들도 싫어할 리 없을 것이라고 생각했다.

예술은 소수의 부유층과 엘리트만을 위한 것이 아니며, 많은 사람이 즐길 수 있어야 한다는 것이 그의 평소 지론이었다. 경주용 자동차가 예술품이 된다면, 시속 300km로 달리는 그런 예술품을 만든다면 그는 그 자체로 예술에 대한 관심을 끌어올릴 수 있을 것이라고 생각했다. 대회 참가를 위한 하나의 아이디어였지만 에르베 풀랭은 그것이 가져다줄 결과 또한 깊이 생각했다.

그는 프랑스 《카 라이프》와의 인터뷰에서 이렇게 말했다.

"내게 이야기가 없는 평범한 도로용 자동차를 꾸미는 것은 냉장고를 꾸미는 것과 같은 의미일 뿐이었어요. 나는 고귀한 대상이 필요했죠. 즉, 경주용 자동차가 있어야 한단 얘깁니다. 그리고 그 차는 이야기를 품고 있어야 했어요. 사실 완벽한 물건에 아름다움을 더한다는 건 엄청난 도전입니다. 경주용 자동차는 효율성의 아름다움을 갖고 있으니까요. 바람에 의해 그려진 듯한 선과 근육질의 거대한 차체를 보며 그보다 더 아름답게 만들 수 있을 거라고 상상하는 건 큰 모험이었어요."

에르베 풀랭은 고대의 조각가를 떠올렸다. '페이디아스가 파르테논 신전의 아테나상에 색을 입혔다면, 경주용 자동차를 칠하는 것도 가능하지 않을까?' 페이디아스는 기원전 5세기에 활동했던 그리스 최고의 조각가다. 그의 이름을 떠올린 데는 이유가 있었다. 우리에게 조각상이라고 하면 하얀 대리

석이나 석고의 그것으로 인식된다. 하지만 고대 그리스나 로마 시대의 많은 조각상은 다양하게 채색되었다. 아테나 파르테노스와 올림피아의 제우스상 등, 페이디아스의 대표적 조각품들이 그 예다. 그가 직접 칠을 했든 아니면 화가들이 별도로 채색 작업을 했든, 그리스의 조각상들이 화려하게 꾸며진 것만은 분명했다. 에르베 풀랭은 페이디아스를 떠올리며 경주용 자동차를 예술품으로 꾸미는 도전에 확신을 가졌다.

그렇다면 누가 작업을 해줄 수 있을까? 최고의 예술가를 찾아야 했다. 풀랭은 미국 출신으로 프랑스에서 활동하던 화가이자 조각가 알렉산더 칼더를 떠올렸다. 칼더는 철사와 금속판 등의 재료를 공중에 매달고 이것들이 바람에 의해 움직이는 것을 처음 시도해 모빌의 창시자로 불린다. 둘은 40년 이상의 나이 차이가 무색할 만큼 우정 깊은 친구였다. 자기 생각을 알렉산더 칼더는 편견 없이 들어줄 것이라고 믿었다.

풀랭의 선택은 더할 나위 없어 보였다. 달리는 자동차와 움직이는 조각을 만드는 예술가의 조합만큼 어울리는 것은 없을 테니까. 에르베 풀랭은 점심을 먹자며 칼더와 약속을 잡았다. 그리고 그 자리에서 자신의 계획을 들려주었다. 칼더는 큰 고민 없이 제안을 받아주었다. 차에 대해서는 몰랐지만 풀랭을 잘 알았기에 믿고 참여하기로 했다.

이제 남은 건 어떤 제조사와 협력하는가였다. 그의 선택은 르노였다. 아버지가 르노 자동차를 팔기도 했고, 처음 운전이란 것을 해본 자동차도 어머니 소유의 르노 모델이었다. 어쩌면 이 프랑스인에게는 당연한 선택이었는지도 모른다. "알렉산더 누구요?" 그러나 기대와 다른 르노의 싸늘한 반응에 풀랭은 실망했다. 하지만 실망만 하고 있을 겨를이 없었다. 하루라도 빨리 새로운 파트너를 찾아야 했다.

어느 날 그는 자신의 이런 고민을 동료 레이서 장 토트Jean Todt에게 말했다. 장 토트는 훗날 페라리 F1 팀의 매니저가 되고 국제 자동차 연맹 회장 자리에까지 오른 인물이다. 또한 우리에게 잘 알려진 배우 양자경(미셸 여)의 오랜 연인이자 남편이기도 하다. 그는 에르베 풀랭의 고민을 흘려듣지 않았다. 그리고 요헨 네르파슈Jochen Neerpasch를 만나보라고 권했다. 당시 BMW 모터스포츠 수장이었던 요헨 네르파슈는 에르베 풀랭의 이야기를 듣고 흥미를 느꼈다. 하지만 자신의 힘만으로는 경영진을 설득할 수 없다는 걸 알았다. 그는 BMW 커뮤니케이션 부서 책임자인 아베나리우스 박사와 힘을 합쳤다.

수개월의 설득 끝에 1975년 2월 프로젝트는 최종 승인을 받았다. 마침 BMW는 미국 시장 진출에 온 힘을 쏟고 있던 터라 미국 출신의 예술가 알렉산더 칼더의 참여가 중요했다. 그리고 첫 번째 달리는 캔버스로는 BMW 3.0 CSL이 선정됐다.

에르베 풀랭은 알렉산더 칼더에 의해 예술품이 된 3.0 CSL

알렉산더 칼더(좌)와 에르베 풀랭(우) ⓒ BMW 코리아

1호 아트 카 BMW 3.0 CSL과 칼더

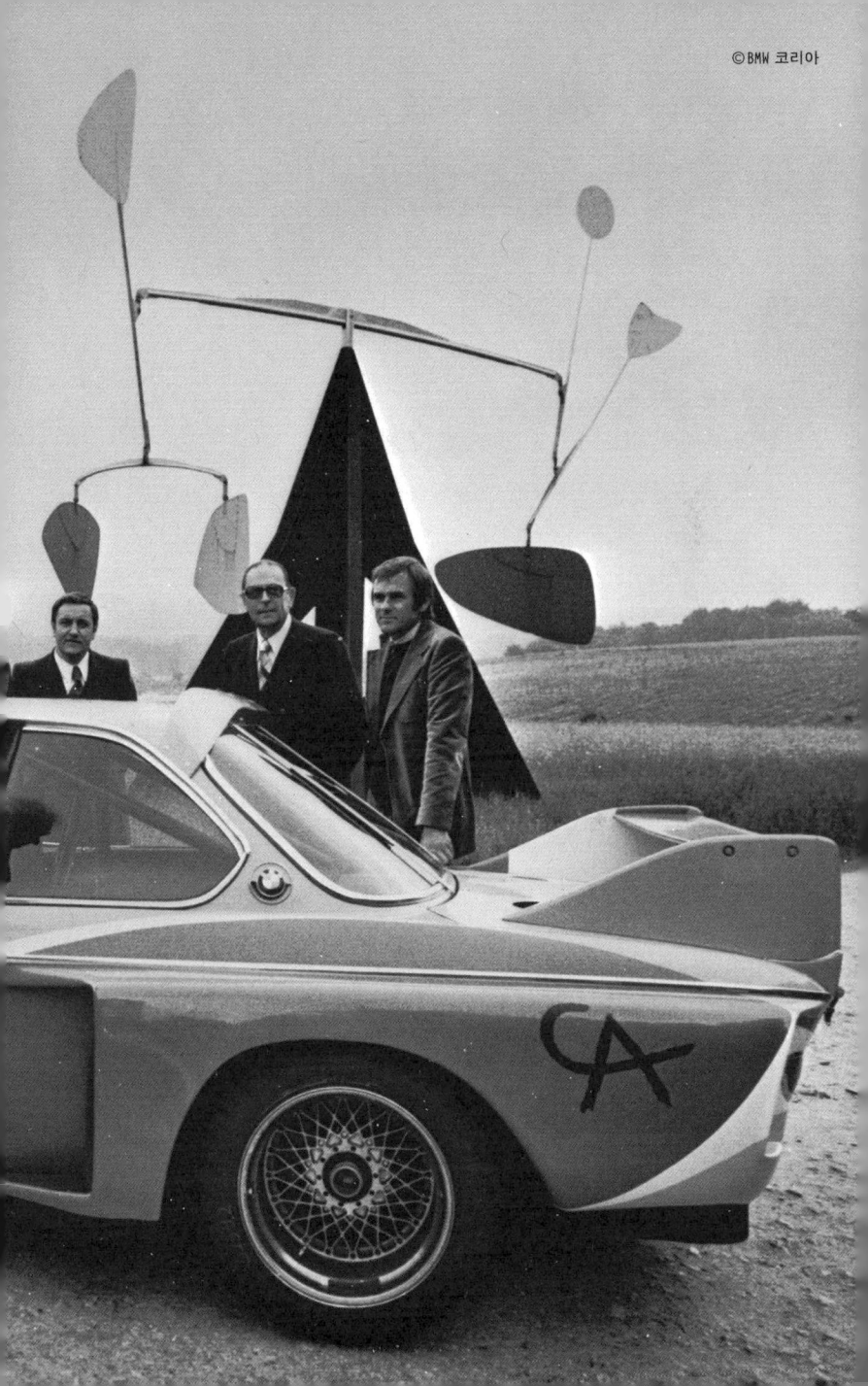

에 올랐다. 빨강, 파랑, 노랑 등의 원색으로 화려하게 칠해진 이 경주용 차는 스폰서 로고가 덕지덕지 붙은 다른 경주차들과 달리 어떤 로고도 허용되지 않았다.

에르베 풀랭은 이 달리는 예술품을 망가뜨리지 않아야 했다. 그러면서도 좋은 성적을 거둬야 했다. 그의 첫 도전은 아쉽게도 서킷 73바퀴를 돌고 리타이어(중도 포기)하는 것으로 마감됐다. 하지만 알렉산더 칼더에 의해 채색된 BMW 3.0 CSL은 예상대로 뜨거운 반응을 이끌어냈다.

그 덕이었을까? 단발성 프로젝트로 끝났을 아트 카 프로젝트는 생명을 이어갈 수 있게 됐다. 에르베 풀랭은 1979년까지 4회에 걸쳐 세계적 작가들의 아트 카를 타고 대회에 출전했다. 프랭크 스텔라, 로이 리히텐슈타인, 그리고 앤디 워홀이 참여했다. '이 정도 급이 참여한다고?' 그들의 이름만으로도 사람들을 놀라게 하기에 충분했다. 이전까지 자동차를 예술의 영역으로 생각한 예술가는 없었다. 하지만 알렉산더 칼더의 참여 이후 분위기가 달라졌다. 에르베 풀랭의 요청에 여러 명이 화답한 것이다.

⁝

여러 예술가의 참여 뒷이야기가 있지만 개인적으로는 앤디 워홀과 관련한 얘기가 잊히지 않는다. 에르베 풀랭은 미국에 있던 앤디 워홀에게 아트 카 모형을 보내 기획을 미리 받아보기로 했다. 하지만 워홀의 시큰둥한 대응에 BMW 측은 난색을 표했다. 르망 대회를 한 달 앞두고 프로젝트가 엎어질 상황까지 왔다. 자동차에 별 관심이 없던 앤디 워홀이었기에 계획은 이렇게 취소되는 것처럼 보였다.

그런데 그가 직접 칠을 하겠다며 미국에서 뮌헨으로 날아왔다. BMW 본사를 찾은 앤디 워홀은 30여분 만에 작업을 마쳤다. 에르베 풀랭은 캠벨 수프 캔이나 매릴린 먼로와 같은 유명 인사 초상화를 예상했다. 그런데 기존의 기법과 다른, 원색의 페인트를 흘러내릴 정도로 거칠게 칠하는 것이었다. 그 결과 강렬한 야생의 M1이 탄생했다.

앤디 워홀은 결과물에 굉장히 만족한 것으로 전해진다. 작업을 다 마쳤을 때, 마침 옆에서 지켜보던 BMW 직원에게 남은 페인트로 당신의 차를 칠해도 되겠냐고 제안했다. 해당 직원은 혹시라도 워홀이 자신의 차를 망칠까 봐 제안을 거절했다. 그 직원을 지켜보던 에르베 풀랭은 깜짝 놀랐다. 인생 최고의 로또가 될 순간을 허무하게 거절해버렸기 때문이다.

참고로 앤디 워홀의 1979년 M1 아트 카의 가치는 수천만 달러로 추정된다. 만약 그가 제안을 받아들였다면 어땠을까? 일부에선 직원 차의 가치가 100억 원대에 이르렀을 것이라고 추정했다. 에르베 풀랭이 왜 놀랐는지 이해가 됐다.

⋮

M1에 작업 중인 앤디 워홀 ©BMW 코리아

풀랭은 동료 두 명과 워홀의 M1을 타고 6위를 기록했다. 이는 그가 열한 차례 르망 24시 대회에 참가해 얻은 최고 성적이었다. 하지만 BMW 아트 카를 타고 서킷을 달리는 것은 여기까지였다. 앤디 워홀 이후 재스퍼 존스, 니키 드 생팔, 그리고 제임스 로젠퀴스트 등 현대 미술과 팝아트의 거장들과 시도한 아트 카 작업은 여러 이유로 결실을 맺지 못했다. 엎친 데 덮친 격으로 F1의 인기가 치솟으며 BMW는 르망 24시 경주 대회보다는 F1에 힘을 싣기로 한다. 그래서 에르베 풀랭은 포르쉐, 맥라렌 등 다른 팩토리 팀의 레이서로 참여할 수밖에 없었다. 그러나 BMW와 에르베 풀랭의 인연은 끝나지 않았다.

뮌헨의 이 자동차 회사는 어떤 이유에서인지 아트 카 프로젝트를 더 이어가기로 했다. 1983년 오스트리아 작가 에른스트 푸흐스의 참여로 프로젝트가 재개됐다. 이후 데이비드 호크니, 제프 쿤스 등도 함께했다. 에르베 풀랭 역시 아트 카 프로젝트를 기획한 인물로 행사에 참여하는 등 홍보에 힘을 보탰다. 2024년에는 스무 번째 아트 카가 만들어졌다. 줄리 머레투의 작품이었다. 이 차는 에르베 풀랭이 운전한 아트 카들처럼 그해 르망 24시 내구 레이스에 참여했다.

에르베 풀랭은 1998년, 50대 중후반 나이까지 이 대회에 출전했다. 그러는 사이 경매사로서 그의 명성은 더 높아졌고,

BMW의 아트 카 프로젝트 역시 계속 발전해나갔다.

⋮

거장들의 손을 거친 달리는 작품은 언제나처럼 세계를 돌며 전시 중이다. 우리나라에서도 아트 카들이 전시된 바 있는데, 2007년에는 아트 선재 센터에서, 그리고 2024년에는 코엑스에서 열린 아트 페어 '프리즈 서울 2024'를 통해 소개되었다. 특히 2025년에는 BMW 한국 진출 30주년과 아트 카 50주년을 기념하기 위해 한국의 이건용 작가와 협업하기도 했다.

이 프로젝트는 누가 뭐라 해도 가장 성공한 자동차와 예술의 만남이다. 시대를 대표하는, 아니 시대를 뛰어넘는 예술가들이 자동차를 캔버스 삼아 최고의 작품을 남겼다. 지금이야 이러한 컬래버가 낯설지 않지만 그때만 하더라도 자동차를 가지고 예술을 한다는 건 낯설고 이상한 일이었다. 하지만 아트 카 프로젝트는 두 영역이 성공적으로 융합할 수 있음을 보여주었고, 그것이 어떻게 기업과 예술계 모두에 이익이 될 수 있는지도 잘 보여주었다.

많은 자동차 회사가 예술 프로젝트에 투자를 아끼지 않는다. 당장 돈이 안 되는 일임에도 말이다. 하지만 예술과의 연결을 통해 자동차 회사들은 브랜드 가치를 높일 수 있다. 기업의 미래, 철학 등을 세련되게 고객들에게 보여줄 수 있는 방법으로 예술적 협업만 한 것도 없다. 음악이든 회화든 조각이든 디지털 아트이든, 자동차에 감성적 연결을 시도할 수 있는 가장 좋은 방법이 예술인 것이다.

에르베 풀랭은 기계 기술과 예술의 만남을 성공시켰다. 그는 예술에 대한 열정, 스피드에 대한 열망을 아트 카 프로젝트를 통해 묶어낸 사람, 자기가 좋아하고 잘하는 예술과 자동차 모두에서 새로운 길을 닦아낸 사람이었다. 풀랭은 프랑스의 한 언론으로부터 이런 질문을 받았다. "아트 카 프로젝트에 참여한 작가들은 얼마를 받았나요?" "한 푼도 받지 않았어요. 알렉산더 칼더부터 앤디 워홀까지 모두 돈을 받지 않고 기꺼이 작업에 참여했죠." 물론 모든 예술가가 무료로 참여한 것은 아니다. 알렉산더 칼더만 하더라도 스튜디오 이용료와 소재비 일부를 BMW 측에서 제공했고, 예술적 도전에 대한 '상징적 보수'를 받았다고 밝히기도 했다.

반대로 앤디 워홀이나 제프 쿤스 등은 금전보다는 협업에 대한 호기심과 창작 열정으로 참여한 경우였다. 풀랭의 재미난 상상에서 출발한 이벤트는 이제 최고의 자동차 예술 컬래버 프로젝트로 자리 잡았다. 그리고 이는 그의 곁에서 꿈을 위해 함께해준 이들이 있었기 때문에 가능했던, 최고의 예술가들이 고정관념을 깨고 사심 없이 참여했기에 얻어낸 열매였다.

에르베 풀랭은 누구보다 행복한 사람이다. 좋아하는 모든 것 속에서 평생을 살았으니까. 단 하나, 자식을 먼저 떠나보낸 아픔만 빼면 말이다. 미스터 풀랭의 상상은 현실이 됐다.

시인이 무생물에 영혼을 부여했다면, 어떻게 속도를 위해 만들어진 이 기계를 보고 감탄하지 않을 수 있을까? 그것은 인간의 인식과 감성을 뒤흔들었다.

《카 라이프》에 실린 에르베 풀랭의 기고문 중에서

자동차 배기음도 음악이다
: 스트라디바리부터 칼소 침머까지

1 — 2 — 3
음악과 예술이 된 자동차

밀라노에서 기차로 두 시간 정도 거리에 있는 모데나는 테너 루치아노 파바로티의 고향이자 EU 차원에서 품질을 관리할 정도로 유명한 발사믹 식초의 발상지다. 12세기에 대학이 세워진 교육의 도시이며, 유네스코 세계문화유산으로 지정된 대성당도 있다. 하지만 이탈리아를 찾는 여행객에게 모데나는 반드시 들러야 할 곳은 아니다. 예쁘고 전통 분위기 가득한 도시이지만 이 관광 대국에는 둘러볼 곳이 너무 많다.

그런데 자동차를 좋아한다면 얘기는 완전히 달라진다. 로마, 베네치아, 나폴리는 안 가도 모데나는 찾아야 한다. 이유는 간단하다. 페라리, 람보르기니, 마세라티, 파가니, 그리고 두카티. 이탈리아 최고 스포츠카와 명품 바이크 회사가 모데나를 중심으로 모여 있기 때문이다. 이탈리아 산업 중심지이자 국민차 브랜드 피아트, 그리고 알파 로메오가 있는 토리노나 밀라노가 아닌, 작은 모데나가 슈퍼 스포츠카 군집 지역이 된 것은 아무리 생각해도 신기한 일이다.

이처럼 쟁쟁한 슈퍼 카 브랜드가 몰려 있는 모데나를 대표하는 브랜드를 하나만 꼽으라고 하면 대부분은 페라리를 선택할 것이다. 회사 창립자인 엔초 안셀모 페라리Enzo Anselmo Ferrari는 모데나 태생으로, 고향에 대한 애정이 상당했을 뿐만 아니라 그들이 이뤄낸 성공 신화와 브랜드 가치는 여전히 타 브랜드를 압도한다. 영혼의 라이벌 람보르기니도 빼놓을 수 없다. 다만 창립자 페루초 람보르기니Ferruccio Lamborghini는 모데나 사람이 아니며, 엔초 페라리에게 인간적 모욕을 당했다고 생각해 이웃한 볼로냐에 회사를 세우며 페라리와 경쟁 구도를 만들었다.

이렇게 쟁쟁한 두 스포츠카 브랜드 사이에 마세라티가 있다. 1914년 마세라티 가문 형제들이 힘을 합쳐 볼로냐에 세운 자동차 회사는 각종 경주 대회에서 두각을 나타내며 성장했다. 1940년 아돌포 오르시Adolfo Orsi가 지분을 인수하며 마세라티 본사는 그의 고향 모데나로 옮겨졌다.

루치아노 파바로티는 모데나에 자리 잡은 마세라티를 페라리보다 좋아했다. 그는 1963년 마세라티 세브링을 구입하는데, 세계적 테너 가수와 자동차 회사와의 인연은 이때부터 시작됐다. 파바로티는 이후로도 마세라티의 여러 모델을 애용했고, 마세라티 또한 모데나에서 열린 클래식 음악 행사를 후원하며 파바로티와의 인연을 이어가는 데 노력을 아끼지 않았다. 2007년 파바로티가 세상을 떠난 후에도 마세라티는 여전히 그의 추모 공연이나 관련 행사에 후원자로 역할을 하고 있다.

길고 끈끈했던 관계 때문이었을까? 세계적 테너의 고음과 마세라티의 엔진 배기음이 닮았다고 얘기하는 사람들이 많았다. 가수 목소리와 자동차 엔진 배기음을 비교하다니, 이상하게 들릴 법도 하다. 그러나 자동차를 좋아하는 사람이라면 바로 고개를 끄덕이게 된다. 자동차 회사들은 자신들이 개발한 엔진과 그 엔진이 만드는 배기음을 위해 투자를 아끼지 않는다. 사운드가 곧 정체성이며, 배기음이 브랜드이자 모델의 가치이기 때문이다. 특히 고급 브랜드일수록, 값비싼 자동차일수록 배기음 튜닝에 공을 들인다. 대부분의 사람에게 자동차 배기음은 그저 소음일 뿐이지만 자동차를 좋아하는 이들에게 배기음은 덕질의 끝판왕이나 다름없다.

마세라티는 엔진 배기음의 가치를 가장 먼저 이해한 선구적 기업이었다. 1930~1940년대부터 이미 마세라티 경주용 자동차는 단순한 성능뿐 아니라 특유의 배기음으로 존재감을 드러냈다. 그들은 엔진음이 감성의 영역이 될 수 있음을 파악했고, 팬들이 자동차가 만드는 사운드에 어떻게 열광하는지 세심하게 관찰하는 것은 물론, 그들에게 시그니처 배기음을 들려주기 위한 사운드 엔지니어링에 힘을 쏟았다. 그리고 급기야 음악 프로듀서, 연주가, 그리고 클래식 음악 작곡가 등과 작업하며 마세라티만의 가치 만들기에 들어갔다. 파바로티와의 오랜 인연을 이어가는 것도 그들의 이런 방향성, 나름의 철학과 무관치 않다고 볼 수 있다. 이렇게 해서 마세라티 하면 멋진 엔진 배기음의 브랜드라는 이미지가 세워졌다.

⋮

그렇다면 배기음을 어떻게 음악적으로 다듬는 걸까? 새로 내놓을 자동차의 콘셉트를 잡는 것에서부터 엔진음 개발은 시작된다. 이후 시동을 켰을 때, 저속으로 달릴 때, 중간 속도, 그리고 고속 주행 시 발생하는 엔진 배기음 각각의 주파수를 분석하고, 이 결괏값을 토대로 섬세한 튜닝 작업이 진행된다.

사운드 엔지니어와 협업하는 음악가들은 악보까지 그려가며 무수한 실험을 한다. 2014년 마세라티는 완성된 배기음을 크리스마스 시즌에 맞춰 스마트폰 벨소리로 무료 제공한 적이 있다. 그보다 앞선 2012년에는 일본에서 마세라티 배기음 매력을 증명하기 위한 '엔진음 쾌적화 프로젝트' 실험을 진행했다. 엔진 주파수 분석은 물론 배기음이 들릴 때 피실험자들의 심박 및 혈류량을 측정해 감정적으로 어떤 반응이 나오는지 알아봤다.

또 그들에게 다섯 대의 바이올린 소리를 들려준 뒤 마세라티 모델 중 하나였던 콰트로포르테 엔진음과 가장 비슷한 것이 무엇인지 묻기도 했다. 피실험자들의 선택은 스트라디바리우스 바이올린 소리였다. 이런 작업은 말 그대로 자동차에 미친 사람들, 자동차 엔진 배기음에 미쳐 있는 사람들이 사는 세상 속 이야기다. 하지만 자동차 하나 사는 데 2~3억 원 이상을 쓰는 이들의 마음을 얻기 위해선 이 정도로 미치지 않으면 안 된다. 그리고 마세라티만큼 배기음 개발에 힘쓰는 곳이 있다. 이웃 람보르기니다.

람보르기니의 엔진은 그 자체로 압도적인 사운드를 만들어 낸다. 웅장하면서도 중독적이기까지 하다. 속도에 따라 점진적으로 엔진음이 강렬해지도록 하는가 하면 8방향8D 오디오로 엔진 사운드를 재현해 몰입감을 극대화하기도 한다. 엔진 배기음을 샘플링해 엔진 송이라는 음원을 스포티파이에 공개한 일화도 유명하다. 이 작업에는 스트라디바리의 후손 루카 나탈리 스트라디바리가 참여했으며 그 외에도 로렌초 세니, 벤 뵈머, 샘 콜린스 등이 함께했다. 흥미로운 것은 이런 작업은 람보르기니나 마세라티만의 이야기가 아니라는 것이다. 알파 로메오, 페라리 등 이탈리아 브랜드들은 오래전부터 엔진 사운드에 집요할 만큼 매료되어 있었다. 예술적 감수성이 두드러지는 이탈리아다운 모습이라 할 수 있다.

⋮

그렇다면 전기차는 어떨까? 엔진이 없는 전기차는 조용하다.

하지만 문제가 있다. 그동안 엔진음에 가려졌던 다양한 잡음이 거슬릴 정도로 차 안에서 들린다는 것이다. 바람 소리는 물론 노면에서 올라오는 소음, 타이어 마찰음 등이 그렇다. 자동차 회사들은 이런 잡음을 막기 위해 노이즈 캔슬링 기술을 사용한다. 우리가 흔히 사용하는 헤드폰이나 이어폰에 있는 그것이다.

노이즈 캔슬링 기술은 크게 수동형과 능동형으로 나뉜다. 수동형은 방음 유리나 흡음재를 사용해 외부에서 들리는 잡음을 막는 것을 말한다. 능동형은 자동차 안에 설치된 마이크로 들어오는 소음을 감지, 반대 위상의 소리를 스피커로 내보내 소음을 상쇄한다. 쉽게 말해 소음으로 소음을 잡는 기술이다. 이런 노이즈 캔슬링 기술은 전기차뿐만 아니라 엔진이 들어간 내연 기관 자동차에도 적용된다. 다만 전기차가 좀 더 노이즈 캔슬링 기술을 적극적으로 사용한다.

그런데 전기차에는 노이즈 캔슬링 기술뿐 아니라 그와 반대되는 기술도 적용된다. 바로 가상 엔진음이다. 가상 엔진음은 말 그대로 엔진에서 나오는 것처럼 소리를 인위적으로 만드는 것을 말한다. 덕분에 더 많은 음악가가 자동차 회사와 협업을 하고 있다. 사운드 자유도가 훨씬 클 뿐만 아니라 전기차 종류가 계속 늘고 있기 때문이다. 가상 엔진 사운드는 얼마든지 소리로 특유의 멋을 만들 수 있다. 더 나아가 브랜드 정체성도 강화할 수 있다. 그런데 가상 엔진 사운드의 가치는 여기에 그치지 않는다. 안전과 밀접한 관련이 있다. 전기차는 엔진이 없으니 주행 시 조용할 수밖에 없다. 보행자나 다른 차가 안전에 위협을 받을 수 있다. 그래서 일정 정도 크기의 소리를 만들어 차가 달리고 있음을 알려야 한다. 이 개념은 매우 중요한 것으로, 북미나 유럽, 그리고 우리나라 등 많은 곳에서 이 가상 엔진음을 법으로 명확하게 규정하고 있다.

그런데 여기서 흥미로운 지점이 생긴다. 일부 제조사가 속도 구간에 따라 가상 엔진음을 달리하는 것이다. 이는 엔진 자동차로는 제한적이던 사운드 경험치를 확장시키는 즐거움을 준다. 그리고 세계적인 음악가와 협업을 통해 자동차가 만드는 주요 사운드 전체를 고민하는 단계까지 나아갔다.

BMW가 좋은 예라 할 수 있는데 그들은 영화 음악의 거장 한스 짐머와 함께 사운드를 개발했다. 한스 짐머는 론 하워드 감독의 〈러시: 더 라이벌〉과 브래드 피트 주연의 〈F1 더 무비〉 같은 레이싱 영화의 음악을 담당했기에 그와 자동차 회사의 협업은 잘 어울려 보였다. 결과적으로 브랜드의 사운드 정체성 확립, 고객과의 감성적 연결, 그리고 미래의 새로운 영역 개척이라는 여러 긍정적 결과를 낳으며 성공적 협연의 케이스로 기록되었다.

이런 대중적인 음악가와의 협업에서 BMW보다 앞선 곳이 있는데 바로 메르세데스 벤츠다. 그들은 2015년부터 미국의 록 밴드 린킨 파크와 'Two Stages—One Passion'이라는 장기적인 캠페인을 펼쳤다. 일부 모델의 디자인 참여는 물론 콘서트 개최, 기념 영상을 제작했고, 2017년에는 전기차 인공 엔진 사운드를 만드는 작업에도 참여한 바 있다. 이처럼 자동차 엔진 배기음 작업은 내연 기관 모델부터 전기차까지 가리지 않고 이뤄지고 있다. 참여하는 이들도 클래식 작곡가부터 록 밴드까지 다양하다.

이는 자동차 배기음과 가상 엔진 사운드가 단순한 소음이 아니라 해당 브랜드의 정체성과 특정 모델 고유의 색깔을 드러내는 수단이기 때문이다. F1 머신들이 달릴 때 내는 찢어질 듯한 굉음은 관중의 온몸을 휘감으며 짜릿한 자극을 선사한다. 이 사운드에 매료돼 경기장을 찾는 이들도 많다.

어떤 전기차는 특정 속도 구간에서 엔진음이 아닌, 마치 우주선이 날아가는 것 같은 느낌의 독특한 사운드를 들려주며 또 다른 즐거움을 누리게 해준다. 이렇듯 엔진이 사라지는 자동차의 시대가 온다고 해도 사운드는 사라지지 않고 더 깊고 풍부하게 진화할 것이다. 자동차라는 공학의 산물에 감성을 입히는 작업은 매력적인 것이며 음악가들과의 협업은 그래서 더 의미 있다.

자동차를 사랑하는 사람일수록 배기음에 대한 갈망은 크

다. 그리고 그 갈증은 과거에도 그랬듯 앞으로 계속될 것이다. 그게 '가상'의 사운드일지라도.

브랜드 헤리티지
: 비틀스와 미니스커트, 그리고 미니

1 — 2 — 3

음악과 예술이 된 자동차

30개국 이상, 1억 명이 넘는 군인이 싸웠던 제2차 세계대전은 연합국의 승리로 막을 내렸다. 전쟁이 끝나자 사람들은 망가진 집을 고쳤고, 무너진 건물을 다시 세웠으며, 멈췄던 공장을 돌렸다. 먹고사는 일에 온몸을 던진 덕에 세상은 빠르게 회복했다. 그리고 전쟁의 상흔이 아문 자리에서는 새로운 문화가 싹트기 시작했다. 전후 젊은이들은 기존 사회 질서와 권위로부터 벗어나고 싶어 했다. 그래서 보다 자유롭고 창의적인 그들의 문화를 만들어갔다. 1950년대 말부터 패션, 음악, 영화 등 거의 모든 영역에서 변화가 일어났다. 영국은 이런 변화를 이끈 나라 중 하나다.

1966년 《타임》에 '스윙잉 런던'Swinging London이라는 용어가 등장했다. 런던 중심으로 일어난 60년대 사회 문화의 혁신적 변화를 설명하기 위함이었다. 음악계에서는 비틀스와 롤링 스톤스 등이 등장했고, 패션의 경우 메리 퀀트가 새로운 아이템으로 대유행을 만드는 데 성공한다. 예술계도 변화를 거부하지 않았다. 데이비드 호크니 같은 화가는 팝아트를 통해 미술에 새로운 바람을 불어넣었다. 60년대 영국 문화는 뜨겁고 활기찼으며, 무엇보다 젊은 에너지로 가득했다.

:

당시 대중문화를 상징하는 단어 한 가지를 꼽는다면 단연 비틀스일 것이다. 1960년 리버풀에서 결성된 비틀스는 링고 스타가 마지막으로 합류한 1962년 데뷔 싱글을 발표했다. 그리고 이듬해인 1963년 첫 번째 앨범으로 큰 성공을 거두었고, 1964년 미국으로 건너가 열풍을 일으켰다. 브리티시 인베이전(영국의 침공)이라 불린 비틀스의 신대륙 상륙은 대중문화사에 남을 놀라운 사건이었다. 그들의 성공은 영어권에만 머물지 않았다. 라디오가 있고 음반이 판매되는 곳이라면 어디서든 팬이 생겨났다.

1960년대 중후반은 비틀스가 음악적 성과를 이룬 황금기였으며 동시에 멤버 개개인에 대한 관심도 또한 극에 달한 때였다. 이미 첫 앨범이 나온 1963년 영국 「옵서버」는 '비틀마니아'Beatlemania라는 신조어를 통해 폭발적으로 일어난 비틀스 현상을 설명하기도 했다. 비틀마니아에는 콘서트 현장에서 소리치고 노래를 따라 부르는 팬의 모습 이상의 의미가 담겨 있다. 멤버들이 옷은 어떻게 입고, 그들이 무슨 말을 하는지, 어떤 음식을 먹는지, 무슨 차를 타는지, 거대한 전 지구적 팬덤은 비틀스 멤버의 모든 것을 궁금해했고 추구했다.

이십 대 초중반 남자들이 대체로 그렇듯 비틀스 또한 자동차를 좋아했다. 좀 더 정확하게 표현하면 자동차에 관심을 가질 수밖에 없는 상황이 만들어졌다. 면허증이 없어 운전은 꿈도 못 꾸던 시절, 허름한 밴에 몸을 맡기며 소형 클럽 무대를 전전하던 그들에게 폭풍처럼 밀려온 부와 명예는 롤스로이스, 애스턴 마틴, 페라리 같은 고급 자동차 오너가 되게 해줬다. 그리고 이즈음 한 남자를 통해 멤버 모두가 어떤 차와 특별한 인연을 맺게 된다.

 비틀스는 브라이언 엡스타인과 일하고 있었다. 리버풀에서 부모님의 가구점을 운영하던 그는 음반 판매에도 소질이 있어 제법 성공적으로 가게를 키워나갔다. 어느 날 함부르크에서 활동하던 비틀스라는 무명 그룹의 〈My Bonnie〉라는 곡을 고객들이 찾는다는 걸 알고는 이들에게 호기심을 갖는다. 마침 리버풀 작은 클럽에서 공연을 하고 있던 비틀스를 직접 찾아간 엡스타인은 무언가에 홀린 듯 그들 노래에 빠져들었다.

 단번에 젊은 록 밴드의 가능성을 알아본 엡스타인은 매니저가 되기를 자청했고 비틀스는 받아들였다. 브라이언 엡스타인이 매니저가 된 후 가장 먼저 한 일은 가죽 재킷을 입고 껄렁껄렁한 태도로 무대에 서는 록 밴드 비틀스를 우리가 알고 있는 깔끔한 모드족(1960년대 초 영국 패션 및 음악 중심의 청년 하위문화 집단) 스타일로 바꾸는 것이었다. 당시 영국에서는 베스파 같은 스쿠터를 타는 세련된 이탈리아인들의 패션이 유행하고 있었는데 비틀스의 스타일 역시 일정 부분 영향을 받은 것으로 보인다.

열정과 재능이 가득했던 매니저는 레코드 회사를 찾아다니며 자신이 맡고 있는 팀이 얼마나 잠재력이 큰지, 얼마나 대단한지를 설명했고, 손이 발이 되게 부탁했다. 굴욕적인 대응에 상처도 입지만 결국 오디션과 녹음 기회를 얻었고, 그렇게 해서 나온 첫 싱글 〈Love Me Du〉와 데뷔 앨범 《Please Please Me》는 엄청난 성공을 거둔다. 젊고, 깔끔하고, 음악 잘하는 밴드 소식은 바다 건너 미국으로 빠르게 퍼졌다. 미국 팬들은 하루라도 빨리 비틀스 공연을 직접 보고 싶어 했다.

브라이언 엡스타인은 멤버들과 함께 신대륙 공략에 나섰다. 미국 투어 계획을 짜고 당시 최고 인기 방송인 에드 설리번 쇼에 출연하기로 하는 등 철저한 준비를 했다. 7,300만 명이 넘는 미국인이 이 쇼를 시청했고, 비틀스는 브라이언 엡스타인의 열정과 치밀한 계획 아래 세계 최고의 밴드 자리에 올랐다. 단번에 지구 최고의 인기 밴드가 된 비틀스는 1965년 엘리자베스 2세 여왕으로부터 '대영제국훈장'MBE을 받게 된다. 보통 퇴역한 군인들에게 주는 훈장이었지만 이례적으로 군인이 아닌 대중가수에게 주어졌다.

매니저 엡스타인은 이 순간을 기념하기로 하고 멤버를 위해 미니 네 대를 주문했다. 비틀스와 미니의 만남은 그 자체로 뉴스가 됐고, 멤버들은 각자의 취향에 맞춰 미니를 커스터마이징했다.

그중 가장 눈에 띈 것은 조지 해리슨의 차였다. 원래 검정 색상의 단순한 미니였지만 인도 철학에 심취했던 그는 자신의 집 외벽처럼 그것을 사이키델릭풍으로 꾸몄다. 폴 매카트니는 조지 해리슨과 반대로 세련되고 깔끔하게 미니를 꾸몄는데, 캘리포니아 세이지 그린 색상과 애스턴 마틴 후미등을 적용했다. 《포브스》는 폴 매카트니가 이 미니를 타고 다니며 데이트도 했고 작곡의 영감을 얻기도 했다고 전했는데 사실인지는 확실하지 않다. 다만 폴 매카트니가 1967년 발표한 싱글 〈Penny Lane〉을 위해 별도의 미니를 주문해 이를 특별하게 꾸미며 앨범 홍보에 활용했다는 점에서 미니에 애정이 있었음은 어느 정도 확인된다. 드러머였던 링고 스타는 드럼 키트를 실을 수 있게 실내 공간을 개조했으며, 롤스로이스 같은 고급 리무진을 좋아했던 존 레넌도 선물 받은 미니를 검은색으로 꾸미는 등 자신의 취향을 온전히 차에 반영했다. 2023년에는 존 레넌의 것을 제외한 나머지 멤버들이 소유했던 미니가 전시된 적이 있는데, 비틀스 팬과 미니 팬 모두를 흥분시킨 이벤트였다.

↑↑ 폴 매카트니와 미니
↑   랠리에서 우승한 미니와 링고 스타
→   조지 해리슨의 미니에 앉아 있는 존 레넌

©BMW 코리아

팝 음악 역사상 가장 많은 사랑을 받은 비틀스와 영국을 대표하는 소형차 미니의 만남은 1960년대 청춘 문화 아이콘끼리의 결합이라는 점에서 상징적이다. 지금까지도 수많은 뮤지션, 스타들이 자동차와 관련한 여러 이야기를 만들어내고 있지만 비틀스와 미니만큼 뜨겁게, 또 지속적으로 관심을 받는 사례는 드물다.

여기서 매니저 브라이언 엡스타인의 역할을 빼놓을 수 없다. 얼마든지 크고 비싼 차를 선물할 수도 있었지만 그의 선택은 미니였다. 훈장을 받으러 궁으로 들어갈 당시 전 세계인이 목격한 것은 무게 3톤짜리 거대한 롤스로이스를 타고 입장하는 비틀스의 모습이었다. 전통과 권위를 상징하는 롤스로이스와 달리 미니는 대중적이고 젊은이들이 친숙하게 여기는 자동차였다. 엡스타인의 의도가 무엇이었든, 그의 선물은 결과적으로 비틀스가 대중의 아이콘, 청춘의 상징으로 남도록 이미지를 강화하는 데 큰 역할을 했다. 미니라는 자동차의 관점에서 봐도 이 만남은 대단히 성공적이었다.

1960년대 피어난 새롭고 역동적인 문화는 미니를 단순한 이동 수단이 아닌 하나의 문화 영역으로 바라보게 했다. 그리고 비틀스와의 만남은 미니의 상징성을 강화하는 중요한 순간이기도 했다. 비틀스가 미니를 통해 이미지를 다졌듯, 미니 역시 비틀스를 통해 젊은 문화의 상징적 자동차로 이미지를 더 다져나갈 수 있었던 것이다.

사실 미니의 인기는 비틀스와의 만남 이전부터였으며 생각보다 대단했다. 평범한 시민들부터 미디어를 장식하는 요란한 스타들까지, 많은 이가 이 작은 차의 오너가 되어 이전에 없던 문화를 만들어갔다. 그리고 그 안에 비틀스도 있었다.

※

패션계도 예외는 아니었다. 런던 첼시에서 작은 부티크를 운영하던 메리 퀀트는 이름 모를 소녀들, 거리를 빛내던 여성들의 짧은 치마에 관심을 가졌다. 그리고 그녀는 이 치마가 새로운 시대에 어울리는 패션 아이템이 될 것이라 확신했다. 치마를 상품화하기로 하고 그에 어울리는 이름을 고민했다. 그리고 어느 날, 그녀는 자신의 검정 미니에서 답을 찾았다. 작고 귀여우며 새롭고 실용적인 미니가 짧은 치마와 잘 어울린다고 생각한 것이다. 그녀는 그 치마의 이름을 미니스커트라고 했다. 2014년 그녀는 한 인터뷰에서 이 스커트에 자신이 가장 좋아하는 이름을 붙였고, '킹스 로드의 소녀들'이 발명했다고 말했다.

미니스커트가 정확하게 언제 누구에 의해 만들어진 패션 아이템인지에 대해서는 여전히 이견이 있지만 이 치마에 미니스커트라는 이름을 붙인 사람이 메리 퀀트라는 주장에는 이견이 없어 보인다.

1959년 첫선을 보인 미니는 1956년 발발한 제2차 중동전쟁의 결과물이었다. 작고 경제적인 자동차의 필요성에 따라 생겨났는데 수리가 어렵지 않고 구입에 부담이 없어야 한다는 사회적 요구에 부응한 결과물이었다. 그리고 미니는 그 경제성 덕에 보다 많은 젊은 고객과 만날 수 있었다. 비틀스와 같은 스타들도 탔고 영국 왕실도 애용했지만, 무엇보다 당시 트렌드를 이끌던 젊은 세대에 의해 미니 열풍은 계속될 수 있었다. 남과 다르고 싶고, 개성과 자유를 강조하던 이들에게 개성을 드러내는 도구가 되어준 것이다.

이후 미니는 폭스바겐 미니버스 불리Bulli와 함께 히피 문화를 상징하는 자동차로 사랑받으며 컬처 카로 유산을 쌓아갔다.

⋮

자동차를 만드는 사람들은 자신들의 차가 많이 팔리는 것뿐만 아니라 시대를 대표하는 상징으로 남길 바란다. 그것이 브랜드 헤리티지의 핵심이고, 그래야 브랜드 가치가 올라갈 수 있기 때문이다. 하지만 '아이코닉 자동차'라는 타이틀은 단순히 마케팅을 잘해서, 많이 팔리는 베스트셀러 모델이라고 해서 얻을 수 있는 것이 아니다.

아이코닉 자동차는 본질적 가치에 충실해야 한다. 디자인도 예쁘고, 실용적이고, 성능도 함께 고려돼야 하는 것이다.

자신이 디자인한 'Mini Designer' 특별판에 앉아 있는 메리 퀀트 ©BMW 코리아

요즘처럼 환경이 강조될 때는 이 부분까지 자동차에 반영되어야 한다.

미니에는 운전의 즐거움과 보는 즐거움, 거기에 실용성과 경제성까지 담겨 있었고, 그랬기에 폭넓은 고객층을 확보할 수 있었다. 우여곡절 속에서도 미니는 처음부터 지금까지 예쁜 차, 운전이 재밌는 차라는 두 가지 가치를 놓친 적이 없다. 본질에 충실했던 것이다.

또한 아이코닉 자동차는 문화적으로 영향을 끼칠 수 있어야 한다. 1960년대 피어오른 새로운 사회 분위기 속에서 미니는 주인공처럼 빛났다. 비틀스와 함께해서 그랬고, 미니스커트의 메리 퀀트에 의해 그랬다. 영화 속, 음악 속에서 미니는 계속 대중과 만나며 자연스럽게 사람들 마음속에 자리했고, 계속 문화적으로 소비됐다. 미니라는 자동차는 문화와 라이프 스타일에 영향을 주기도 했고, 또 영향을 받기도 했다. 이런 상호작용이 아이코닉 자동차에는 필요하다.

미니는 완벽한 자동차는 아니다. 그럼에도 사람들은 이 차를 선택하고 즐긴다. 단순히 자동차를 소비하는 것이 아니라 미니라는 문화를 소비하는 것이다. 설령 이 차의 역사에 대해 몰랐다고 해도, 미니가 가진 문화적 맥락을 알지 못해도 즐기는 데에는 아무 문제가 없다. 그 자체로 매력적이기 때문이다.

어떤 이들은 미니 같은 불편한 차를 왜 타는지 모르겠다고 한다. 반대로 묻고 싶다. 불편함이 있어도 사람들이 찾는 이유가 무엇인지를 생각해보라고.

아메리칸 드림과 욕망의 아이콘
: 『위대한 개츠비』와 듀센버그

1 — 2 — 3
음악과 예술이 된 자동차

1925년 발표된 스콧 피츠제럴드의 소설 『위대한 개츠비』는 물질주의와 사회적 불평등이 어떻게 아메리칸 드림을 왜곡하는지 개츠비라는 인물을 통해 보여준다. 그는 사랑하는 여인 데이지를 되찾기 위해 불법적인 방법도 마다하지 않고 부를 축적해 뉴 머니(신흥 부자) 대열에 합류한다. 저택에서 호화로운 파티를 열고 영국 명문대 출신의 상류층으로 자신을 묘사한다. 올드 머니(전통 상류층)의 상징과도 같은 영국 롤스로이스를 몰고, 값비싼 옷과 책으로 가득한 서재를 가진 이 남자는 그러나 화려한 성공으로도 데이지와의 간극을 메우지 못한다.

개츠비의 사랑과 파멸에 이르는 과정을 가까이서 지켜본 것은 데이지 뷰캐넌의 친척 닉 캐러웨이였다. 피츠제럴드는 그를 이 소설의 화자이며 '광란의 시기' '재즈의 시대' 등으로 불린 1920년대를 독자에게 설명하는 증언자로 세웠다. 참고로 '재즈의 시대'라는 표현은 스콧 피츠제럴드가 책 제목 등에 몇 차례 사용했는데 그 영향으로 대중에게 널리 알려졌다.

소설이 발표된 1925년은 제1차 세계대전과 스페인 독감 이후 미래에 대한 장밋빛 전망과 함께 소비문화가 일시에 터져 나온 때였다. 금주법을 시행했지만 오히려 그로 인한 밀주 소비는 계속됐고, 은밀하게 운영되던 수많은 술집과 그곳에서 흐르는 재즈 음악은 폭발적으로 늘어난 라디오 전파 채널을 타고 곳곳으로 퍼져나갔다. 금융과 부동산 투기, 밀주 거래 등 온갖 방법으로 큰돈을 벌 수 있었기에 방법의 정당성 따위는 중요하지 않았다. 돈이 돈을 낳는 황금의 시대. 하지만 자본의 혜택은 소수의 몫으로 돌아갔고, 가난한 자들의 박탈감은 커져만 갔다. 양극화에 따른 사회적 불평등의 심화 과정을 지켜봤던 피츠제럴드는 자신이 겪은 첫사랑과의 경험을 소재로 이 광란의 시대를 이야기하고 싶었던 것으로 보인다.

소설 속에는 이러한 시대상을 보여주는 상징들이 몇 가지 있다. 대표적인 것이 '재의 골짜기'와 '닥터 T. J. 에클버그의 안경 광고판'이다. 개츠비와 닉이 살던 신흥 부자촌 웨스트 에그와 뉴욕 사이에 있는 황량한 산업 지대인 재의 골짜기는 흩날리는 석탄재와 먼지 가득한 곳으로 묘사된다. 1920년대 미국의 산업화와 물질주의 분위기 속에서 만들어진 환경 파괴와 그로 인한 척박한 서민들의 삶을 상징하기도 한다.

또한 재의 골짜기는 양극화를 극명하게 보여주는 장소로, 그리고 비극적인 교통사고가 일어난 곳으로 소설 속에서 중요하게 다뤄지고 있다. 이런 재의 골짜기를 내려다보는 거대한 안경 광고판도 인상적이다. 소설 속 인물인 안과 의사 에클버그의 버려진 낡은 광고판은 데이지의 남편 톰 뷰캐넌과 그의 정부인 머틀 윌슨(정비소 사장 조지 윌슨의 아내)의 불륜을 말없이 지켜본다. 마치 쾌락주의에 빠진 부도덕한 인간을 지켜보는 신의 눈처럼. 아내 머틀이 죽었을 때 남편 조지 윌슨이 이 광고판을 가리키며 "신은 모든 걸 보고 계셔"라고 말하는 대목은 이런 관점을 뒷받침한다.

매일 광란의 파티를 벌이는 개츠비의 집 또한 중요한 상징이다. 저택은 프랑스 노르망디 시청사 오텔 드 빌을 모방했다고 묘사돼 있다. 개츠비가 옥스퍼드에서 대학을 나온 것처럼 자신을 꾸몄듯, 그의 집 또한 진짜가 아닌 것으로 상징된다. 20년대 미국 사회, 특히 상류층 사회에서는 유럽을 동경하는 문화가 여전히 자리하고 있었다. 미국 신흥 부호 가문 상속녀들이 유럽의 쇠락한 귀족 가문 남자와 결혼해 자본과 지위를 서로 보완하는 '달러 프린세스' 같은 것이 대표적이다. 그리고 상징으로써 빼놓을 수 없는 게 하나 더 있다. 바로 개츠비의 자동차다.

소설 속에서 제이 개츠비는 롤스로이스 자동차를 탄다. 피츠제럴드는 왜 롤스로이스를 선택했을까? 이는 앞서 소개한 상징들과 궤를 같이한다. 신흥 부자 개츠비는 프랑스풍 저택과 영국식 의상들을 소유했으며, 영국에서 공부한 사람으로 자신을 소개한다. 유럽 문화에 익숙한 상류층처럼 자신을 포장해야 했고, 옥스퍼드에서 공부했다는 거짓말을 뒷받침하기 위해서라도 영국산 고급 의류와 영국 자동차 롤스로이스를 선택해야 했을 것이다. 그런데 이 대목에서 흥미로운 변주가 일어난다.

소설과는 달리 2013년 만들어신 배즈 루어먼 감독의 영화 〈위대한 개츠비〉에서는 주인공(레오나르도 디카프리오)의 차가 노란 듀센버그로 바뀐다. 감독은 왜 이렇게 변화를 줬을까? 배즈 루어먼은 영화가 소설의 배경을 그대로 재현하는 것보다 현대적 감각에 어울리도록 꾸미고 싶었다고 했다.

소설 배경인 1922년, 롤스로이스를 대표하는 모델은 실버 고스트다. 럭셔리의 대명사 같은 자동차이지만 상대적으로 덜 화려한, 각지고 다소 보수적인 이미지를 하고 있다. 반면 듀센버그는 화려한 스타일을 자랑한다. 또한 고성능에 주행감도 훨씬 더 스포티하다. 스크린을 통해 개츠비의 생활을 보여주기에는 화려하고 역동적인 듀센버그가 롤스로이스 실버 고스트보다 어울린다.

실제로 영화 속 개츠비는 듀센버그를 과격할 정도로 거칠고 빠르게 몰고 다닌다. 컨버터블이 갖는 로맨틱한 분위기, 여기에 배우들의 모습을 개방감 있고 다이내믹하게 카메라에

담기에도 중후한 롤스로이스보다는 듀센버그가 더 어울린다고 할 수 있다.

하지만 이 차를 선택한 것이 단지 영화의 질감, 속도감과 잘 어울려서만은 아니다. 롤스로이스는 영국을 대표하는 최고급 자동차다. 반면 듀센버그는 20년대 미국을 대표하는 최고급 자동차다. 독일 이민자 집안의 두 형제 프레드Fred와 오거스트August가 만든 듀센버그 자동차는 롤스로이스와 경쟁할 수 있을 만큼의 최고급 미국산 자동차였다. 당시 할리우드 스타부터 경제계 거물들까지 두루 애용했고, 따라서 제이 개츠비의 자동차로 듀센버그는 손색이 없다.

또한 피츠제럴드가 이야기하고자 했던 아메리칸 드림의 허상을 보여주기엔 지금까지 그 명성과 가치를 이어가고 있는 유럽 전통 럭셔리 브랜드 롤스로이스보다는 불꽃처럼 타올랐다 허망하게 사라진 듀센버그가 개츠비의 삶에 더 어울린다고 감독은 판단했을지도 모른다. 그리고 이는 데이지가 캐러웨이 집으로 와 개츠비와 재회하는 장면에서 더 선명하게 드러난다.

전통적인 상류층 집안(올드 머니)과 결혼한 데이지는 롤스로이스 세단을 타고 개츠비를 만나러 온다. 이 장면은 그녀가 개츠비와 다른 세상에 살고 있음을 보여준다. 뉴 머니로 상징되는 개츠비의 듀센버그 컨버터블과는 분명하게 대비되는 설정이다.

이처럼 1920년대 상류 사회의 화려함과 유럽 동경 문화, 그리고 물질주의에 매몰된 광란의 시대를 소설과 영화는 여러 상징과 함께 보여준다. 개츠비의 삶은 아메리칸 드림의 허상을 보여주는 상징으로 가득하다. 그렇기에 소설의 제목에 담긴 '위대한' 역시 단순한 찬사로만 보기 어렵다. '위대한 개츠비'의 '위대한'은 개츠비의 지칠 줄 모르는 데이지를 향한 사랑을 표현한 형용사라기보다는 허상의 아메리칸 드림을 만든 1920년대 미국 사회를 비판하기 위한 반어적 수사로 보는 것이 더 어울린다.

:

스콧 피츠제럴드는 이 책을 내기 전 제목으로 많은 고민을 했다. 출간 직전까지 어떤 제목이 좋을지를 놓고 출판사와 논쟁을 벌였다. 그가 고민했던 제목 중에는 '웨스트 에그의 트리말키오' 같은 것이 있다. 신흥 부자촌으로 설정한 웨스트 에그와 로마 시인 페트로니우스의 『사티리콘』 속에 등장하는 부자 '트리말키오'를 합친 제목인데, 당시 이 제목이 너무 어렵다는 의견이 많아 피츠제럴드는 포기해야 했다. 또 '잿더미 속의 백만장자들'이란 제목도 작가가 원했던 소설 제목 중 하나였다. 소설 속 재의 골짜기와 상류층을 대조적으로 제목에 넣은 것인데, 1920년대 미국의 물질주의와 사회적 불평등이라는 특성을 건조하고 직접적으로 책의 제목으로 하고 싶었던 것이 아닌가 생각된다.

그리고 피츠제럴드가 끝까지 제목으로 밀었던 '붉은색, 흰색, 그리고 푸른색(미국 국기 색깔) 아래에서' 역시 아메리칸 드림의 빛과 허상을 동시에 상징하는 것으로 해석된다. 제목에 대한 그의 이런 고민, 흔적들을 짚어봐도 피츠제럴드는 소설을 통해 제이 개츠비라는 남자의 사랑을 이야기하고 싶었다기보다는 1920년대 미국의 실상을 고발하고 싶어 했던 것으로 보인다. 결국 작가 자신이 싫어한 제목이 최종적으로 선택됐지만 지금은 그 어떤 것보다 좋은, 다양한 관점에서 해석과 상상을 펼칠 수 있는 최고의 제목으로 인정받고 있다.

『위대한 개츠비』는 출간 직후에는 독자들에게 큰 사랑을 받지 못했다. 더군다나 1929년 대공황으로 20년대의 화려한 이야기, 아메리칸 드림에 대한 비판적 이야기는 이후로도 오랫동안 소구력이 떨어졌다.

스콧 피츠제럴드의 아내 젤다 세이어는 조울증으로 힘든 시간을 보내야 했고, 작가 자신은 알코올 의존증이 심해졌다. 곤궁한 현실을 극복하고자 할리우드에서 시나리오 작가로 일했지만 성공하지 못했다. 이후에 낸 작품도 역시 대중적으로 큰 성공을 거두지 못했다. '마지막 거물'이라는 소설을 집필하던 1940년, 스콧 피츠제럴드는 44세의 나이에 심장마비로 생을 마감했다. 그렇게 쓸쓸히 잊히는 것처럼 보였던 그와 소설 『위대한 개츠비』는 전쟁으로 극적인 반전을 맞는다.

제2차 세계대전이 한창이던 당시 미군은 『위대한 개츠비』를 군인들에게 제공했다. 도서 보급 프로그램 덕에 『위대한 개츠비』 수십만 부가 무료로 병사들에게 배포되었고, 책을 읽은 군인들의 입소문을 타고 불티나게 팔려나갔다. 전쟁 이후 미국 대학 커리큘럼에 편입되는 등 『위대한 개츠비』는 미국을 대표하는 고전으로 대중과 학계 모두에서 인정받게 되었다.

작가의 죽음과 함께 잊힐 뻔했던 작품 『위대한 개츠비』는 전쟁을 통해 불멸의 고전이 됐다. 이는 그 자체로 개츠비가 꿈꿨던 '위대한' 성공의 다른 버전인 셈이다. 피츠제럴드가 비판했던 아메리칸 드림이 그의 작품을 통해 살아남았다는 아이러니. 한 세기가 흘렀지만 개츠비의 이야기는 우리 시대의 욕망과 좌절을 비추는 거울로 여전히 생생히 역할을 하고 있다.

↦ 듀센버그(Duesenberg)에 대하여
독일 태생의 프레드와 오거스트 듀센버그 형제가
1913년에 세운 자동차 회사이다. 처음에는 경주용 자동차
엔진을 만들었는데 여러 대회에서 좋은 성적을 내며
유명세를 탔다. 1920년부터 자동차 생산에 본격적으로
뛰어들었고, 1926년 E. L. 코드라는 사업가에게
회사가 인수되면서 듀센버그 형제는 최고급 자동차
제작에 전념할 수 있게 됐다. 대공황에 럭셔리 시장이
붕괴하면서 듀센버그도 타격을 입었는데, 설상가상 형인
프레드 듀센버그가 교통사고 후 폐렴으로 사망하면서
그 명성도 사그라들게 된다. 결국 1937년 짧은 역사를
뒤로하고 듀센버그 자동차 회사는 파산 절차에 들어갔다.
듀센버그에서 만들어진 자동차는 500대가 채 되지
않는다.

영화 속의 자동차
: 사브와 〈드라이브 마이 카〉

---— ① —— 2 —— 3 ———————
음악과 예술이 된 자동차

영화 〈드라이브 마이 카〉에 대한 관심은 무라카미 하루키, 비틀스, 그리고 사브 900 터보라는 세 가지 개인적 기호에서 시작됐다. 하루키를 알게 된 건 소설 『노르웨이의 숲』 때문이었다. 그의 작품에서 한동안 거리를 두고 지내던 2018년, 하루키 소설을 원작으로 한 영화 〈버닝〉이 개봉한다는 소식을 듣고 다시 마음이 움직였다. 단편소설 「헛간을 태우다」를 원작으로 한 이 작품은 소설에서 모티브를 가져왔지만 이창동 감독만의 스타일로 재해석됐다.

영화 관람 후 모처럼 하루키 소설이 궁금해졌다. 그리고 몇 해 뒤인 2021년, 또 한 번 흥미로운 소식이 전해졌다. 이번엔 하마구치 류스케 감독이 하루키 단편소설 「드라이브 마이 카」를 원작으로 영화를 만들었다는 것이었다. 소설 『여자 없는 남자들』에 함께 수록된 「셰에라자드」와 「키노」의 아이디어까지 가져와 원작의 핵심 정서 위에 서사를 확장했고, 안톤 체호프의 연극 〈바냐 아저씨〉 제작 과정이 영화의 중심 모티브가 됐다. 하루키 소설과 체호프의 연극을 감독만의 스타일로 콜라주했다는 소식은 호기심을 자극하기에 충분했다.

영화는 2021년 크리스마스 직전에 개봉했지만 극장 관람은 하지 못했다. 코로나19에 따른 사회적 거리두기가 다시 강화되던 때이기도 했고, 당시 나는 독일에 머물고 있었다. 일본 영화를 극장에서 챙겨본 적도 많지 않았기 때문에 모니터를 통해 영화를 본 것에 큰 아쉬움은 없었다. 그러나 두 번째 감상 때는 달랐다. 스크린으로 보았다면 더 좋았겠다는 생각이 들었다. 배우들의 표정과 눈빛을 스크린으로 느끼고 싶었고, 사브 900 터보 안에서 나누는 대사와 밀도 있는 공간감을 큰 화면으로 경험하면 좋았겠다고 생각했다.

'드라이브 마이 카'는 소설과 영화의 제목이자 비틀스 노래 제목이기도 하다. 지금까지 하루키는 두 작품에 자신이 좋아하는 비틀스 노래 제목을 사용했다. 하나는 1987년 작품 『노르웨이의 숲』이고 또 하나는 2014년 단편 「드라이브 마이 카」다. 흥미롭게도 두 곡 모두 비틀스의 1965년 앨범 《Rubber Soul》에 수록되어 있다. 나 또한 비틀스를 좋아했기에 이런 배경과 연결된 영화에 관심을 가지게 됐다. 그리고 결정적으로 〈드라이브 마이 카〉를 봐야겠다고 마음먹게 된 것은 사브 900 터보 때문이었다.

:

사브는 자동차를 좋아하는 사람들에게 강한 향수를 불러일

으키는데, 먼저 독특한 유선형 차체를 얘기하지 않을 수 없다. 이는 공기 역학에 대한 집요한 관심이 낳은 결과물이었다. 항공기 회사에서 출발한 사브는 사업 초기 회사 엔지니어 대부분이 항공 공학자였다. 그들이 공기 역학이나 구름 저항 등에 얼마나 민감했을지는 어렵지 않게 상상이 된다. 그래서 팬들은 공기 흐름에 집착해 만든 사브 모델을 기묘하지만 논리적이고 실용주의적인 디자인의 자동차라고 평가한다. 그리고 디자인만큼이나 사브만의 특징으로 얘기되는 건 특유의 주행 질감이다.

이 스웨덴 회사는 1977년 프랑크푸르트 모터쇼를 통해 터보 과급기가 적용된 '사브 99 터보'를 선보였다. 터보차저는 엔진에 공기를 강제로 더 많이 밀어 넣어 엔진의 힘을 크게 끌어올리는 장치를 말한다. 지금은 일반화된 기술이지만 당시만 해도 일상용 자동차에 적용하기 쉽지 않았다. 1960년대 초반 미국 제조사들에 의해 패밀리 카에 처음 시도됐지만 기술적 어려움으로 시장에서 실패한 이후 10년 이상 과급기를 엔진에 부착하는 일은 일어나지 않았다. 그런데 그 기술을 사브가 다시 꺼내들었고 성공시켰다.

사브 99 터보로 시작된 그들의 터보 역사는 바로 이어 나온 사브 900 터보를 통해 꽃을 피우게 되는데, 지금까지도 브랜드를 대표하는 모델로서 팬들의 사랑을 받고 있다. 사브 900

터보는 터보 랙(가속 페달을 밟았을 때 바로 힘이 나오지 않고 약간 기다리다 터보가 본격화되는 반응 지연 현상)이라는 물리적 한계를 가지고 있었다. 당시 기술로는 이 문제를 해결하지 못했지만 사브는 그들만의 리듬감과 펀치감으로 약점을 극복했다.

:

빨간 사브 900 터보로 서울 곳곳을 달릴 때 경험한 낭만적 밤은 여전히 좋은 기억으로 남아 있다. 낮은 무게 중심에서 느껴지는 안정감에 치고 나가는 순간의 힘, 그리고 직진의 감각은 중독적이기까지 했다. 특히 터보가 작동하는 순간 올라오는 특유의 휘파람 같은 소리는 펀치감과 어우러져 이 차를 더욱 개성 있게 만들었다. 아쉽게도 더 큰 빛을 보지 못하고 막을 내린 사브였지만 개성 있는 사람들이 타는 고급 세단으로 지금도 많은 이가 그리워하고 있다. 영화 〈드라이브 마이 카〉에 등장한 빨간 사브 900 터보의 존재는 그래서 나와 같은 경험자나 오너들, 그리고 빈티지한 자동차를 좋아하는 이들에게 반가울 수밖에 없다.

나는 영화에서 이 물적 오브제가 어떻게 그려졌을지 궁금했다. 영화의 줄거리는 대략 이렇다. 배우이자 연극 연출가인 가후쿠 유스케는 사랑하는 아내 오토를 잃고 깊은 상실감을 안고 살아간다. 2년 뒤, 연극제 참가를 위해 히로시마로 향한 가후쿠는 규정에 따라 젊은 운전사 미사키에게 운전대를 맡긴다. 아픈 가족사를 품고 살아가던 두 사람은 조금씩 마음의 벽을 허물게 된다. 한편 가후쿠는 자신의 연극 오디션에 참가한 아내의 애인 다카쓰키로 인해 복잡한 감정에 직면한다. 미사키와 함께 간 홋카이도에서 결국 억눌렸던 상실과 죄책감, 그리고 그리움을 토해내는 가후쿠. 두 사람이 서로의 상처를 이해하고 위로와 새로운 삶의 희망을 향해 각자 나아가는 것으로 영화는 끝이 난다.

영화 속에서 가후쿠의 자동차는 외부와의 단절을 의미하는 혼자만의 공간이자 아픈 추억이 담긴 공간이었다. 그러나 또 다른 상처를 가지고 있던 미사키가 그 안으로 들어오며 공간의 의미는 단절이 아닌 소통, 고통이 아닌 치유의 공간으로 확장된다.

그뿐만이 아니다. 가후쿠의 빨간 자동차는 가장 극적인 순간마다 화면 속에 등장한다. 아내 오토가 다카쓰키와 집에서 사랑을 나누는 모습을 목격한 가후쿠가 다시 집을 빠져나와 담배에 불을 붙일 때 감독은 갑자기 사브 900 터보를 화면 가득 담는다. 또 뇌출혈로 쓰러진 아내를 발견하기 직전에도 주차장에 세워진 가후쿠의 자동차 뒷모습을 별 의미 없는 듯 보여줬다. 그리고 가후쿠와 미사키가 부둥켜안고 감정을 토해낼 때도 감독은 몇 초간이나 차를 단독으로 비췄다. 그 순간순간 가후쿠의 차는 마치 위로하는 친구처럼, 또는 모든 비밀과 비극의 순간을 기록하고 지켜보는 관찰자처럼 그려졌다.

자동차를 하나의 소품이 아닌 개인적이고 고통스러운 대화를 나누는 밀실이자 새로운 인연을 만드는 무대, 그리고 중요한 순간마다 사건을 기록하는 목격자로 의미 있게 다룬 것이다. 툭툭 던져지듯 배치된 자동차 컷은 소설로는 경험하기 힘든, 영상이기에 가능한 영화적 해석이었다. 가후쿠가 15년이나 함께한 자동차를 미사키에게 선물한 마지막 장면도 잔잔한 감동으로 남았다. 그에게 자동차는 단순한 이동의 수단이 아니었다. 아내와 함께했던 추억이 가장 따뜻하고 생생하게 남아 있는 공간이었고, 동시에 아내를 온전히 떠나보내지 못한 집착의 상징이기도 했다. 이런 의미를 지닌 차를 미사키에게 준 것은 과거를 털어내고 새로운 삶을 시작하겠다는 가후쿠의 각오나 다름없었다.

:

누구에게나 자동차는 추억과 연결된다. 내게는 특히 아버지를 떠올리게 한다. 아버지의 운전을 보며 성장했고, 아버지로부터 운전을 배웠고, 다 큰 아들은 몸이 불편해 더는 운전하지 못하는 아버지를 대신해 운전했다. 평소에는 말도 없고 어색한 부자 관계이지만 적어도 자동차 안에서는 말도 많았고 재밌는 관계가 되었다. 그래서 내게 자동차는 가장 먼저 아버지를 떠올리게 한다. 그러고 보면 자동차를 함께 타는 사람의 대부분은 가족이나 친구, 또는 애인과 같은 나와 의미 있는 관계를 맺는 사람들이다. 그들의 흔적이 묻어 있고, 그들과의 대화가 흔적처럼 남아 있는 자동차의 공간은 그래서 더 아름답거나 애틋하게 기억되는지도 모른다.

무라카미 하루키와 비틀스, 그리고 사브 900 터보 등, 지극히 개인적 기호가 이끈 영화 〈드라이브 마이 카〉는 감독의 신선한 연출과 배우들의 깊이 있는 연기, 거기에 의미 있게 그려진 자동차 공간과 담담한 치유의 과정이 어우러져 진한 여운을 남겼다.

원래 소설 속 가후쿠의 사브는 노란색의 컨버터블이었다. 하지만 류스케 감독은 빨간 쿠페로 설정을 바꿨다. 노란 컨버터블 사브 섭외가 쉽지 않은 이유도 있었겠지만 오히려 소설과 달리 가져간 그 설정이 영화 감성에 더 잘 어울렸다. 만약 가후쿠가 노란색 컨버터블을 몰고 달렸다면 분위기는 많이 달랐을 것이다. 감독은 자신의 호흡과 언어와 감각을 모두 동원해 무라카미 하루키의 '드라이브 마이 카'가 아닌, 자신만의 '드라이브 마이 카'를 완성했다.

사브를 타고 드라이브하고 싶다는 생각이 드는 어느 스산한 날을 만나면, 이 영화가 또 보고 싶어질 것 같다.

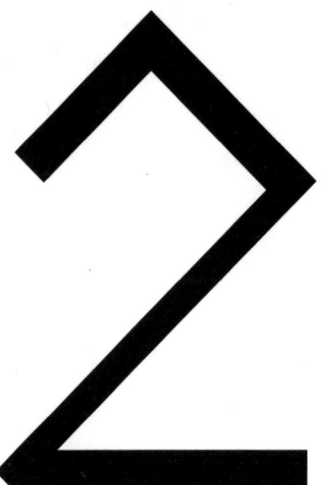

길 위에서 피어나는 문화

자동차 문화의 상징들
: 모텔과 신용카드

자동차(Motor)와 호텔(Hotel)의 합성어인 모텔(Motel)은 자동차 여행의 필요에서 태어났다. 하지만 의외로 이 배경을 모르는 사람이 많다. 왜냐하면 우리나라 모텔은 일본식 러브호텔에 가깝기 때문이다. 좁은 주거 환경과 이성 교제에 대한 보수적인 사회 분위기 속에서 연인들은 남의 시선을 피해 만날 공간이 부족했고, 모텔은 자연스럽게 그 대안이 되었다.

한국에서 여관업이 본격적으로 자리 잡은 것은 일제강점기 시기였다. 이후 1986년에 개최된 86 아시안 게임과 1988년 서울 올림픽 개최를 계기로 큰 변화가 생겼다. 외국인 관광객을 맞기 위해 정부는 호텔을 새로 짓고, 기존 여관을 리모델링하고, 관련 규제를 완화하는 등 숙박업 전반을 개선했다. 이 과정에서 모텔이라는 단어가 여관을 대체했다. 국제적 스포츠 행사가 끝난 후 모텔은 양적, 질적으로 크게 성장했다. 몇 시간만 머물 수 있는 대실 시스템이 생겼고, 특정 테마를 반영한 객실, 그리고 비대면 서비스가 가능한 무인텔까지 등장하는 등 다양하게 분화했다. 그렇다면 모텔의 최초 모습은 어땠을까?

:

1925년 건축가이자 부동산 사업가인 아서 하이네만Arthur S. Heineman은 미국 캘리포니아 샌루이스 오비스포에 60여 개의 객실이 있는 숙박 시설을 열었다. 특이하게도 객실마다 전용 차고가 딸려 있었는데 이전에는 없던 처음 보는 콘셉트였다. 이 숙박 시설이 들어선 위치 또한 당시로서는 낯설었다. 샌루이스 오비스포는 미국 101번 국도와 캘리포니아 1번 주도가 남북으로 관통하는 곳이다. 그때 여행자들은 대개 도심에 위치한 호텔이나 역과 가까운 호텔을 이용했다. 그런데 아서 하이네만은 인구 4만 명 수준의 작은 도시에, 그것도 황량하기 그지없는 도로변에 숙박업소를 세운 것이다. 자동차 애호가이기도 했던 그는 장거리 자동차 여행객을 위한 마땅한 시설이 없다는 것을 깨달았다. 그는 숙박업소 이름을 마일스톤 모텔Milestone Mo-Tel로 정하고 캘리포니아 전역으로 확대하는 체인화까지 구상했다. 모텔의 역사는 이렇게 시작되었다.

모텔이 등장한 결정적 이유는 자동차의 대중화였다. 그 중심에는 포드사의 모델 T가 있었다. 1908년부터 생산된 모델 T는 등장과 동시에 믿기지 않는 속도로 팔려나갔다. 컨베이어 벨트 시스템을 이용한 대량 생산 덕분에 가격이 크게 낮아

졌기 때문이다. 출시 당시 모델 T의 가격은 850달러로, 경쟁사 차량이 2~3천 달러 수준이던 것과 비교하면 충격적일 만큼 저렴했다. 그마저도 5년 후에는 550달러로 더 떨어졌고, 1920년대 중반에는 260달러까지 가격이 낮아졌다. 모델 T는 약 20년 동안 1,500만 대가 판매되었고, 미국의 등록 자동차 수는 그 덕분에 1920년 초반 900만 대에서 1920년대 말에는 2,700만 대로 급증했다.

당시 세계 자동차의 80퍼센트가 미국에서 굴러다니고 있었다. 미국은 명실상부한 자동차 제국이었다. 자동차가 폭발적으로 늘자 이 차들이 다닐 수 있는 도로 건설이 시급했다. 연방과 주 정부는 너 나 할 것 없이 도로포장에 총력을 기울였다. 도로가 늘수록 자동차 여행자 수도 급격하게 증가했다. 도로 주변에는 주유소, 휴게소 등이 생겼고 하룻밤 묵을 수 있는 숙소도 필요했다. 아서 하이네만은 바로 이런 분위기 속에서 모텔을 구상했다.

마일스톤 모텔은 스페인풍의 고급스러운 건축 양식과 다양한 편의 시설을 갖추고 있음에도 합리적 가격으로 호평을 받았다. 1954년에는 매릴린 먼로와 조 디마지오가 신혼여행 기간 중 이곳 식당에서 식사를 했다는 일화가 알려지며 화제가 되기도 했다. 마일스톤 모텔의 등장 이후 같은 콘셉트의 숙소들이 우후죽순 쏟아졌다. 수요를 맞추기 위해 가성비 모텔의 등장이 이어지면서 서비스 품질 문제가 드러나기 시작했다. 1950년대 케먼스 윌슨Kemmons Wilson은 가족이 안심하고 머물 수 있는 고급 모텔 체인 홀리데이 인을 선보인다. 홀리데이 인이 큰 성공을 거두면서 모텔도 단순히 값싼 숙소를 넘어 가족 여행의 주요 거점이 될 수 있음이 확인됐다. 1960년대는 미국 모텔 사업이 정점을 맞은 시기였다. 6만 개 이상의 모텔이 미 전역에서 영업했다. 저가의 모텔부터 가속 단위 이용이 가능한 고급스러운 모텔까지, 규모와 서비스 품질도 다양해 선택의 폭이 넓어졌다. 그렇게 모텔은 자동차 시대의 생활 문화를 대표하는 상징으로 자리 잡았다.

미국을 변화시킨 것은 모텔만이 아니었다. 자동차 극장, 드라이브 스루, 렌터카 사업, 자동차 할부 시스템 등 지금 우리가 누리고 있는 많은 자동차 관련 문화가 1920년대 전후 미국에서 생겨났고 세계로 퍼져나갔다.

⋮

모텔이 자동차 여행자의 숙박 문제를 해결했다면 신용카드는 여행 중 결제 방식을 편리하게 만들었다. 사람들은 차를 타고 더 멀리 갔고 더 자주 움직였다. 주유소, 정비소, 휴게소가 하루가 멀다 하고 만들어졌다. 최초의 주유소는 1905년 미국에서 문을 열었다. 그런데 자동차가 늘어난 1920년대에 들어서자 사람들은 주유소에서 기름만 넣는 게 아니었다. 차를 정비하고, 주유소에 딸린 음식점에서 식사를 하고, 바로 옆에 생긴 모텔에서 휴식을 취할 수 있었다. 자동차 중심의 토털 서비스 형태가 마련된 것이다. 이런 가운데 결제 방식이 고민거리였다. 장거리 자동차 여행 중 기름을 넣기 위해 현금을 많이 가지고 다니는 건 부담스러운 일이었다. 이때 석유 회사들이 운영하는 주유소가 고객을 위한 새로운 서비스를 시작했다. 자신의 주유소 이용 고객에게 현금 대신 종이나 플라스틱 소재로 된 카드에 주유 비용 등을 적게 하고 나중에 정산하는 방식이었다. 같은 체인의 주유소라면 어디서든 이용할 수 있었기에 고객 만족도가 높았고 충성도 또한 높이는 효과가 있었다.

1950년대에 들어서는 범용 신용카드가 등장했다. 이는 자동차 운전자들이 기름을 넣고, 여행 중 숙박비를 계산하고, 음식점에서 식비를 계산하기 위해 현금이 가득한 지갑을 가지고 다녀야 하는 불편함을 없앴다. 미국 어디를 가든 카드만 있으면 문제가 없었다. 이처럼 자동차로 인해 생긴 새로운 문화의 편리성이 다시 자동차를 팔리게 하는 선순환 구조를 만들었다.

흥미로운 것은 이 새로운 문화가 자동차의 탄생지인 유럽이 아닌 미국에서 먼저 발생했다는 사실이다. 앞서 언급했듯 포디즘Fordism으로 불린 포드의 대량 생산 방식은 자동차를 사치품이 아닌 필수품으로 만들었다. 독일 같은 유럽 국가들이 여전히 장인 정신을 강조하며 고급 차 중심의 문화를 이어간 것과 달리, 미국은 대량 생산과 대량 소비, 그리고 빠른 소비를 하는 패스트 라이프Fast Life 문화를 만들어갔다. 미국의 빠른 소비 하면 '슬론주의'를 떠올릴 수 있다. 당시 자동차 기업 제너럴 모터스GM를 이끌고 있던 알프레드 슬론Alfred P. Sloan 회장은 고의로 소비자들이 자신의 자동차를 진부하게 느끼도록 유도했다. 화려하고 예쁜 디자인의 자동차를 자주 내놓았고, 홍보에도 최선을 다했다. 또한 할부 방식을 적용하며 자동차 구입이 그렇게 어려운 일이 아님을 알렸다. 다양한 형태로 사람들의 소비욕을 자극한 것이다. 그리고 이런 슬론의 정책은 패스트푸드와 같은 빠른 소비문화의 출발점이 되었다.

미국 대중문화가 갖는 힘도 빼놓을 수 없다. 할리우드 영화는 멋진 자동차 추격전, 드라이브 데이트, 자동차 극장 장면 등을 전 세계 영화 팬들에게 보여주며 미국식 자동차 라이프 스타일을 동경의 대상으로 만들었다. 당대 최고 인기 배우나 가수들이 어떤 차를 타고, 어떤 스타일의 옷을 입는지도 큰 관심거리였다. 이러한 글로벌 팬덤을 가진 건 당시 미국뿐이었다. 자동차 산업과 문화 모든 면에서 미국은 시대의 지배자가 되었다. 자동차는 마차를 대체하는 기계적 이동 수단으로 태어났지만, 어느 순간 이동 방식부터 소비 습관, 휴식의 방식

등 거의 모든 삶의 영역에 영향을 미쳤다. 모텔이나 신용카드는 자동차 문화가 얼마나 빠르게, 그리고 깊숙하게 우리 일상 속으로 파고들 수 있는지를 보여준 대표적 상징들이다.

우리는 이제 스마트폰으로 주유소를 찾고, 숙소를 예약하고, 결제까지 한다. 이동성과 디지털이 결합해 이전에 없던 새로운 문화가 자리 잡았다. 자동차 시대가 본격적으로 열린 20세기 초 이후 우리의 삶이 크게 바뀌었듯, 21세기 우리가 누리는 이 문화도 100년 뒤에는 또 다른 평가와 새로운 결과물로 이어질 것이다. 그때 그 시대의 풍경은 어떤 이름으로 불리고 있을까.

> ↦ 모텔 이름에 얽힌 뒷이야기
> 아서 하이네만은 처음에 숙박업소 이름을 '마일스톤 모터 호텔'로 지었다. 그런데 이름이 너무 길어 간판에 넣을 수 없게 되자 고민 끝에 모터 호텔 대신 '모텔'이란 표현을 사용했다. 새로운 개념의 숙박업소 등장을 눈여겨보던 많은 사람이 모텔 사업에 뛰어들었고, 모두가 하이네만이 만든 모텔이라는 신조어를 그대로 베꼈다.
> 그는 왜 무단 사용을 막지 못했을까? 어이없게도 이름에 대한 상표 등록을 하지 않았기 때문이다. 그 덕분이라고 해야 할까? 모텔은 고유 명칭이 아닌 업계 전반에서 사용되는 일반 명사가 되었다.

욕인들의 은밀한 공간
: 코모스 페인

"바다 보러 가자."

커피잔을 내려놓으며 여자가 말한다.

"그래."

맞은편 남자의 대답은 어렵지 않다. 잠시 후 두 사람을 태운 자동차는 바다를 향해 달린다. 차 안에선 익숙한 재즈 음악이 흐른다.

⋮

누구나 한 번쯤 경험해봤을, 또는 보았을 법한 장면이다. 연인에게 자동차는 이동 수단 이상의 가치다. 단둘만 있고 싶은 바람을 채워주는 사적 공간이며, 그들만을 위한 음악 감상실이기도 하다. 원하는 곳은 어디든, 언제든 데려다줄 수 있으니 아무리 봐도 이만한 연애의 도구가 없다. 이쯤 되면 궁금해진다. '자동차가 없던 시절엔 어떻게 데이트를 한 걸까?' 사람 사는 모습은 크게 다르지 않으니 자동차 없던 시대라고 데이트를 제대로 못 했겠냐 싶지만 막상 들여다보면 다른 구석이 많이 보인다.

사람은 이동을 위해 말이나 마차에 오랫동안 의존해왔다. 하지만 이런 이동성에는 한계가 있었고, 그만큼 연애의 방식과 범위도 제약을 받을 수밖에 없었다. 자동차 등장 전까지 유럽이나 미국 등 서구 사회에서의 연애는 가족의 통제 아래 이뤄지는 경우가 많았다. 상류층과 중산층 중심으로 남성이 여성의 집에 찾아가 부모나 집안 어른의 감독 아래 데이트를 하는 콜링calling이 대표적이다. 이때 여성 옆에서 데이트를 지켜보는 샤프롱chaperone이라는 독특한 존재도 있었다. 샤프롱은 데이트할 때, 무도회장을 갈 때 여성이 혼자 있는 것을 부적절하게 보는 문화 때문에 생겨났다. 주로 여성의 어머니가 샤프롱 역할을 했는데 보호자이자 중매인인 셈이다.

'남녀칠세부동석'으로 대표되는 우리의 옛 연애는 더 자유롭지 못했다. 혼인 전 남녀가 자신들의 의지로 만나는 건 거의 불가능했고, 여성은 대문 밖 출입도 쉽지 않았다. 교류가 있어야 할 땐 서양의 샤프롱처럼 꼭 누군가가 동행해야 했다. 이처럼 당시 사회가 청춘들의 만남에 엄격하다 보니 물레방앗간 같은, 마을 외진 곳이나 남들이 잘 모르는 은밀한 장소 등에서 만남을 가지기도 했다.

그런데 서양에도 비슷한 문화가 있었다. 러버스 레인Lover's Lane이다. '연인들의 길'이라는 뜻의 러버스 레인은 남의 시선에서 자유로운, 조용히 대화를 나누거나 사랑을 나눌 수 있는 은밀한 장소를 뜻한다.

러버스 레인은 어느 정도 사회적으로 용인되었다는 점에서 몰래 만나는, 그리고 사회적 규범에 대한 저항의 성격을 가지는 한국식 밀애 장소와는 결이 조금 다르다. 옥스퍼드 영어 사전에는 이 단어가 1853년에 처음 등장한 것으로 기록돼 있다. 샤프롱과 콜링 문화가 여전하던 시기라는 점에서 이 기록은 러버스 레인이 기존의 연애 문화에 대한 반작용으로 생겨난 것임을 간접적으로 보여준다. 자유롭고 은밀한 이 연애 장소는 순식간에 젊은이들의 문화로 자리 잡았다. 그리고 그 배경에는 다름 아닌 자동차가 있었다.

미국에서는 1910년대에 들어 자동차 판매량이 빠르게 늘면서 대중화가 본격적으로 시작됐다. 1920년대에 들어서자 자동차 가격이 크게 내렸고 판매 속도는 걷잡을 수 없을 만큼 빨라졌다. 여기에 제1차 세계대전을 거치며 향상된 여성들의 사회적 지위, 소비력을 지닌 젊은 층의 증가 등, 전후 미국 사회의 변화가 맞물리며 미국 젊은이들은 자동차 시장의 주요 소비층으로 부상했다.

자동차는 부모의 간섭에서 벗어나 둘만의 달콤한 시간을 보낼 자유를 주었다. 타인의 시선이 닿지 않는 러버스 레인 같은 외딴 장소에서 낭만적인 데이트를 즐길 기회 역시 늘었다. 특히 1920년대가 자동차 데이트 역사에서 의미 있는 시기인 이유는 이때 자동차의 형태가 크게 변했기 때문이다. 차 안이 훤히 보이는 오픈 형태에서 폐쇄형 차체closed-body cars로 흐름이 완전히 전환되며 자동차는 오붓함을 넘어선 은밀함까지 보장하는 공간이 되었다. 제조사들은 트렌드 변화에 빠르게 대응했다. 데이트하는 남녀 이미지를 활용하는 신문 광고를 내는가 하면, 아예 노골적으로 자동차에서 애정 행위가 가능하다는 점을 강조하기도 했다.

1924년 페이지 디트로이트 자동차 회사가 내놓은 주잇Jewett의 자동차 카탈로그에는 뒷좌석 시트 등받이를 쉽게 분리할 수 있고, 쿠션과 조합해 두 사람이 잘 수 있는 간이침대로 변환 가능하다는 설명이 그림과 함께 친절히 담겨 있었다. 이 시기엔 이전에는 없던 연애 관련 용어들도 속속 등장했다. 파킹parking은 원래 주차를 뜻한다. 하지만 당시 젊은이들 사이에서는 한적한 장소에 차를 세우고 사랑을 나눈다는 의미의 은어로 쓰이기도 했다. 스킨십을 의미하는 네킹Necking, 그리고 더 진한 스킨십을 뜻하는 페팅Petting 등의 단어도 함께 사용했다.

1920년대는 이처럼 자동차가 단순한 이동 수단을 넘어 젊은 연인들의 데이트 공간, 사랑을 나누는 공간이 되는 중요한 전환기였다. 도시 외곽이나 숲길 끝자락에는 자동차 데이트하기 좋은 장소들이 생겨났고, 이런 곳이 러버스 레인이 됐다.

자동차 등장 이전부터 쓰인 단어이긴 했지만 자동차로 인해 대중적 용어로 확대된 것이다. 하지만 이곳은 달콤함만큼이나 어두운 면도 함께 가지고 있었다. 러버스 레인은 한적하다는 장소 특성으로 종종 데이트를 즐기는 연인들이 범죄의 표적이 되기도 했다. 실제로 많은 강력 범죄가 러버스 레인에서 발생했고, 이런 사건들은 영화의 소재로 이용되기도 했다.

2007년 개봉한 데이비드 핀처 감독의 영화 〈조디악〉이 그 예이다. 영화는 1960년대 후반부터 1970년대 초반까지 미국 샌프란시스코만 지역을 공포에 떨게 했던 실제 조디악 킬러 연쇄살인 사건을 다룬다. 로버트 그레이스미스의 논픽션 『조디악』에 기반했으며, 그는 당시 사건을 보도했던 신문사 「샌프란시스코 크로니클」의 삽화가였다. 하지만 사건에 몰입하며 결국 범인 추적에까지 나섰다(범인은 현재 시점에서도 특정되지 않은 상태다).

영화 속 첫 번째 살인이 일어난 허먼 호수 길 근처는 지역 젊은이들이 자주 찾던 러버스 레인이었다. 이곳에서 차 안 데이트를 즐기던 십대 커플은 갑자기 나타난 남성에게 살해당했고, 사건은 미 전역에 알려졌다. 영화 속 두 번째 살인 장소인 블루록 스프링스 공원 주차장 역시 러버스 레인으로, 이곳에 차를 세우고 데이트를 즐기던 연인은 정체불명의 남성이 쏜 총에 맞아 한 명이 죽고 한 명이 중상을 입었다. 러버스 레인에서 벌어진 강력 범죄는 조디악처럼 실제 사건을 바탕으로 한 영화의 소재가 되기도 하지만 〈13일의 금요일〉이나 〈할로윈〉 같은 할리우드 공포 슬래셔 영화에서 반복되는 클리셰이기도 하다. 이런 유의 영화는 러버스 레인에서 데이트를 즐기는 젊은이를 성적으로 무분별한 캐릭터로 자주 묘사한다. 이는 그들을 일종의 징벌 대상처럼 비치는 것으로, 그다지 좋은 영화적 해석이라 할 수는 없다.

이처럼 러버스 레인, 파킹 등 자동차로 인해 퍼져나간 새로운 연애 문화는 기성세대가 보기에 시대의 반동이나 마찬가지였다. 퇴폐적이고 음란하며, 공동체를 도덕적으로 타락시킨다고 여겼다. 러버스 레인 등을 즐기는 젊은이들을 방종하다 생각했고, 그래서 일부는 자동차를 '바퀴 달린 매음굴'이라며 비판하기도 했다. 당시 기성세대가 가진 이러한 불안감은 어느 정도 이해되는 측면이 있다. 과거에는 없던 새로운 문화가 빠른 속도로 확산되는데 이 속도는 어른들의 수용 가능 정도를 넘어선 것이었고, 당연히 그들이 받은 충격파는 컸을 것이다. 러버스 레인을 순찰하고, 청소년 보호법을 강화하는 등의 노력은 이런 상황에서 나온 어른들의 방어 수단이었다. 하지만 몰려오는 밀물을 막을 수는 없었다.

1920년대는 전체적으로 미국을 중심으로 서양 사회 전체가 많은 변화를 겪은 시기였다. 어느 한 분야가 아닌, 거의 모든 영역에서 새로운 것과 옛것이 충돌하는 때였으며, 이전에 없던 문화가 사회에 충격을 던진 시기였다. 1960년대에 새로운 청춘 문화가 세상을 뒤덮었듯, 1920년대 역시 청춘 문화는 자동차라는 기술과 함께 기성세대의 문화와 규범을 뛰어넘었다. 19세기 말 데이트라는 단어가 미국에 처음 등장한 이후, 과거 구혼에 기초한 청춘 간 수동적 만남은 1920년대를 거치며 젊은이들 스스로 주도하는 적극적 문화로 바뀌었다. 그리고 이 변화의 중심에는 자동차가 있었다.

세상이 변해도 청춘의 연애는 비슷하다. 1920년대 연인들이 러버스 레인에서 타인의 시선으로부터 벗어나 오롯이 둘만의 시간을 갖는 것을 바랐다면, 21세기 연인들은 손안의 작은 화면을 보며 그들만의 오붓한 시간을 꿈꾼다. 다만 러버스 레인이 숲길에서 카페로, 그리고 온라인 공간으로 바뀌었을 뿐이다. 그 속삭임의 의미는 예나 지금이나 다르지 않다.

모두를 위한 버스
: 파스칼의 마차 버스부터 전기 버스까지

　　　　　　　　　　　버스에서의 풍경은 느리게 흘러간다. 그리고 그 풍경은 종종 단순한 장면을 넘어 특별한 광경이 된다. 사람의 마음을 묘하게 건드리는 힘이 거기엔 있다. 이런 감성적이고 독특한 공간감을 주는 교통수단이 또 있을까. 그래서 이동이 필요할 때 느린 풍경 보기를 좋아하는 내 선택은 늘 버스가 된다.

　버스에 오르면 뒤쪽에 빈자리가 있는지를 살핀다. 구석 자리에 대한 이상한 집착 같은 것 때문이다. 운이 좋아 원하는 자리에 앉기라도 하면 그 순간부터 나만의 세상이 열린다. 얇은 유리창 하나를 사이에 두고 나는 완전한 관찰자가 된다. 지하철의 효율성과 자가용의 프라이버시도 매력적이지만 버스 특유의 아날로그적 질감은 중독적이다. 이 중독은 수많은 기억이 겹겹이 쌓여 만들어진 감각일 것이다. 엄마 손을 잡고 동물원에 가기 위해 버스를 탔던 때를 기억한다. 나란히 앉아 밖을 내다보던 그 순간의 아늑함. 이것이 버스에 대한 내 추억의 시작점이다.

중학교 시절, 짧은 기간 버스로 등하교를 했다. 그때 버스에는 무거운 책가방을 받아주던 아주머니와 친구들과의 수다, 그리고 여학교 앞을 지나던 순간의 묘한 설렘이 있었다. 군 시절 탔던 버스도 잊을 수 없는 추억이다. 첫 휴가를 나오던 날, 새 군복과 전투화로 한껏 차려입고 올라탄 버스는 세상을 다 얻은 듯한 기분이 들게 했다. 하지만 복귀하는 날의 버스는 어찌 그리 정반대의 느낌이었던지. 버스 정류장에서 여자 친구와의 이별의 순간도 잊을 수 없는 장면이다.

지나고 나면 기억은 추억이 된다고 슬픈 장면도, 아픈 순간도 지금은 모두 소중하게 남아 있다. 그래서 내게 버스는 이동의 수단이며 동시에 기억의 상자다.

:

독일로 건너간 후에도 버스에 대한 애정은 계속됐다. 그들도 우리와 별반 다르지 않다는 것을 느낀 장면이 있다. 만원 버스에 노부부가 탔는데 여성의 몸이 다소 불편해 보였다. 누군가 자리를 양보하지 않으면 맨 뒷자리의 나라도 자리를 내드려야겠다고 생각했다. 그때 한 독일 청년이 일어나더니 자리를 양보했다. 당연하다는 듯 즉각적으로 자리를 내주는 모습이 유교 문화권에서 온 내 눈엔 익숙하면서 동시에 신선해 보였다. 물론 다른 점들도 있다. 일단 이용 요금이 비싸다. 택시 요금은 쉽게 손을 내밀어 타기 어려운 수준이고, 버스나 지하철

요금도 정액권 사용자가 아니라면 부담을 느낄 만하다.

또 하나 우리와 다른 것은 버스 정류장이다. 대체로 오래되고 작고 허름하다. 자세히 보면 프린트된 시간표가 걸려 있는 것을 볼 수 있는데, 디지털화된 한국 버스 정류장과 비교하면 90년대로 돌아간 느낌까지 받는다. 그래도 요즘 독일 버스는 무료 와이파이 서비스를 제공하기도 하고 안내 방송에도 신경 쓴다. 또 고급스러운 저상 버스는 장애인이 이용하기에 편리하고 승객들이 휠체어의 승하차를 돕는 모습은 늘 훈훈하다. 그 나라 버스 문화를 읽는 게 그들 삶을 이해하는 좋은 방법 중 하나라고 나는 오래전부터 생각해왔다. 그래서 기회가 될 때마다 버스를 탔다.

파리에서도 그랬고 프라하에서도 그랬다. 낯선 도시의 낮과 밤 풍경을 차창을 사이에 두고 감상하는 건 아무리 생각해도 매력적인 일이다. 런던에서는 굳이 이용할 일이 없었음에도 2층 버스를 탔고, 시간을 쪼개 교통 박물관도 찾았다. 특히 런던 교통 박물관과 메르세데스 벤츠 박물관에서 본 옛 버스들은 자연스럽게 버스 역사에 대한 관심으로 이어지게 했다.

⋮

버스의 역사는 첫 페이지부터 나를 놀라게 했다. 파스칼이란 이름이 가장 먼저 등장했기 때문이다. 파스칼? 수학 시간에 배운 파스칼의 삼각형의 그 파스칼? 맞다. 놀랍게도 이 프랑스 수학자이자 물리학자이며 철학자이고 발명가인 블레즈 파스칼은 1662년 우리가 알고 있는 버스의 개념을 최초로 도입해 실제 사업화하기까지 했다. 무려 17세기, 마차의 시대에 말이다.

파리의 정해진 5개 노선을 시간표에 맞춰 운행하는 파스칼의 마차 버스는 루이 14세로부터 독점 사업권을 얻으며 경쟁자 없이 사업을 펼칠 수 있었다. 배차 간격도 7분에서 15분 사이로 나쁘지 않았고, 최대 8명까지 태울 수 있었다. 수학자다운 꼼꼼함으로 준비된 사업은 초기에 인기를 끌었다. 하지만 그는 사업이 확장하는 모습을 제대로 지켜보지 못하고 마차 버스 등장 5개월 만에 39세의 나이로 생을 마감했다.

창업자를 잃었지만 사업은 1680년까지 이어졌다. 더 오래 진행되지 못한 것은 몇 가지 이유 때문이었다. 당시 파리 의회는 하인, 육체 노동자와 같은 프롤레타리아 계급은 부르주아 계층과 함께 마차 버스에 탈 수 없도록 했다. 시민 모두를 위한 이동 수단이라는 철학과 거리가 먼 결정이었다. 귀족들은 그들대로 이용을 꺼렸다. 평범한 시민들과 공간을 공유하기 싫었기 때문이다.

이런 분위기 때문에 마차 버스의 수요는 제한적이었다. 거기다 이용 요금이 오르면서 탑승객들은 경제적 부담을 느꼈다. 사고도 잦은 편이었다. 당연히 이용객들은 불안감을 느낄 수밖에 없었다. 파스칼의 혁신적 발상으로 시작된 마차 버스 사업은 계속 외면받게 되었고, 조용히 막을 내렸다. 그리고 무려 150년 후 프랑스 낭트에서 마차 버스 서비스가 다시 시작될 때까지 버스는 자취를 감췄다.

:

파스칼만큼이나 버스 역사에서 놀란, 아니 흥미를 느낀 부분은 명칭의 유래였다. Bus는 원래 옴니버스Omnibus에서 나온 표현으로 이때 옴니버스는 라틴어로 '모두를 위한'이란 의미를 담고 있다. 이 이름의 등장 배경이 상당히 재밌는데, 1826년 프랑스 낭트 지역에서 곡물 제분소, 그러니까 방앗간을 운영하던 사장 스타니슬라스 보드리Stanislas Baudry는 제분소 부산물로 나오는 뜨거운 물을 이용해 목욕탕도 운영했다. 그런데 목욕탕 위치가 좋지 않았다. 시내에서 멀리 떨어져 있어 사람들이 이곳을 찾는 게 쉽지 않았다. 고민하던 그는 시내 중심가에서 목욕탕까지 정기적으로 다니는 마차 서비스를 시작했다.

목욕탕 손님이 아니더라도 요금만 내면 누구든 마차를 이용할 수 있게 했다. 그리고 실제로 이 마차를 이용하는 사람 대부분은 목욕탕 손님이 아니었다. 사업 감각이 있던 스타니슬라스 보드리는 셔틀 마차가 사업이 될 수 있다고 판단했다. 그 판단은 옳았다. 마차 버스 서비스는 큰 인기를 얻으며 빠르게 자리 잡았다. 스타니슬라스 보드리는 셔틀 마차에 특별한 이름을 붙이고 싶었다.

어느 날 정류장 주변의 한 가게가 눈에 들어왔다. 옴네스라는 사람이 운영하던 잡화 가게로, 그곳에는 옴네스 옴니버스 Omnes Omnibus라는 문구가 적힌 간판이 커다랗게 걸려 있었다. 스타니슬라스 보드리는 '모두를 위한'이라는 그 단어의 뜻이 자신이 구상한 교통사업에 딱 들어맞는다고 생각했다. 비록 경쟁사 출현과 강추위, 또 말 사룟값 인상 등 여러 어려움으로 인해 3년 만에 사업을 접고 말았지만, 그는 버스 사업의 초석을 다졌다는 점에서 중요한 역할을 했다.

스타니슬라스 보드리의 옴니버스 사업은 짧은 시간 굉장히 많은 지역으로 퍼져나갔다. 그리고 긴 이름 옴니버스는 어느 시점부터 버스라는 줄임말로 대체됐다. 이렇듯 말이 끄는 마차로부터 시작된 버스 역사는 산업혁명이라는 대변환기 속에서 증기 기관 마차로, 그리고 전선을 연결해 전기로 달리는 트롤리 버스 등으로 확장됐다.

그러나 진정한 버스 대중화는 내연 기관으로 완성됐다. 1895년 독일에 6인승 가솔린 버스가 등장했고, 1898년에는 메르세데스 벤츠가 20인승 가솔린 버스를 출시했다. 그리고 결정타는 1923년 벤츠에서 출시한 디젤 엔진이 들어간 버스였다. 디젤 버스는 가솔린 버스보다 연비가 좋아 더 먼 곳까지 운행이 가능했다. 무엇보다 무거운 버스를 힘 있게 끌고 다니기에는 디젤 엔진만 한 게 없었다. 스타니슬라스 보드리가 마차로 사업을 시작한 지 거의 100년 만에 버스는 디젤 엔진과 함께 진정한 대중교통 수단으로써 자리하게 됐다.

하지만 영원할 줄 알았던 디젤 버스 시대도 2000년대에 들어서며 막을 내렸다. 환경 문제가 글로벌 이슈로 부상하며 매연을 내뿜는 디젤 버스 대신 LNG(액화천연가스)와 CNG(압축천연가스)를 이용한 버스가 그 자리를 채웠기 때문이다. 그리고 다시 전기 버스가 대세로 떠올랐다.

:

시대의 변화와 사회적 요구에 맞춰 버스는 계속 진화하고 있다. 버스 정류장의 변신만 해도 놀랍다. 전광판이나 디지털 스크린을 통해 도착 시간, 지연 정보, 노선 변경 등을 바로 확인할 수 있고, 스마트폰 앱과 연동해 손안에서 정보를 확인할 수 있다. 냉난방 시설은 물론 스마트폰 충전도 가능하다. 버스 자체의 발전도 인상적이다. 넓어진 실내와 편안한 좌석이 승객을 맞이하며, 회수권이나 토큰 대신 교통 카드와 스마트폰으로 요금을 처리할 수 있게 됐다.

전용 차로를 달리는 장면을 옛날 버스들이 봤다면 얼마나 부러워했을까. 그러나 아무리 형태와 기능이 바뀌고 첨단화되어도 버스에는 여전히 느림의 미학과 감성을 자극하는 낭만이 있다. 버스에 앉아 있으면 차분해지고, 나를 점검할 수 있는 마음의 공간이 만들어진다. 멍한 표정으로 밖을 내다보아도 좋고, 피곤함에 지쳐 꾸벅거리며 잠을 잘 수도 있다. 버스를 이용한다는 건 감정의 플랫폼을 이용하는 일이다. 덜컹거리며 달리는 버스 안에서의 삶과 연결된 특별한 체험은 어떤 대중교통에서도 찾기 어렵다. 버스의 원래 이름 옴니버스를 다시 떠올린다. '모두를 위한……'이라는 이 가치가 오래도록 퇴색되지 않고 계속되었으면 좋겠다.

또 다른 휴식

: 차밖에 관하여

---- 1 ——（2）—— 3 ————

길 위에서 피어난 문화

2020년 겨울쯤이었다. 코로나 19로 방에 틀어박혀 지루한 시간을 달래야 하던 때. 그 무렵 산속에서 돌과 통나무를 이용해 홀로 집 짓는 사람들의 영상을 홀린 듯 보기 시작했다. 그리고 상업용 밴을 개조해 캠핑카 만드는 영상에도 빠져들었다. 팬데믹의 긴 시간을 사람들이 어떻게 견디는지 지켜보는 일은 즐거움이자 위로였다.

그리고 유튜브 알고리즘은 나를 또 하나의 세계로 안내했다. 자동차에서 밤을 보내는 사람들의 영상이었다. 그들은 이것을 차박車泊이라고 불렀는데, 한국은 물론 북미와 유럽 등 지역을 가리지 않고 영상이 올라왔다. 어떤 이는 오래된 세단에서, 또 어떤 이는 고급 SUV에서 밤을 새웠다. 나는 영상 속 그 밤들을 홀린 듯 바라봤다. 외로움의 시대와 맞닿아 있던 이 새로운 문화는 그렇게 곳곳으로 퍼져갔다.

차박은 '차에서 숙박하다'라는 뜻의 신조어다. 야외에서 숙식을 해결한다는 점에서 오토 캠핑, 텐트 캠핑 범주에 넣을 수 있지만 자동차 안에서 숙식을 해결한다는 차이가 있다. 자동차와 어닝 텐트 등을 연결한 경우도 넓은 의미에서 차박으로 보기도 하지만 나는 온전히 자동차 하나에 의지한 채 여행을 떠나 그 안에서 먹고 자고 하는 것이 진짜 차박이라고 생각했다. 그리고 그 생각을 실제로 체험해보고 싶어졌다.

봄꽃이 만개하기 직전의 4월 어느 날, 집에서 그리 멀지 않은 자동차 캠핑장을 알아봤다. 뤼데스하임이라는 작은 도시 근처에 있는 곳으로, 모터홈이나 캐러밴을 주로 지원하지만 텐트를 칠 수도 있고 차박도 가능한 곳이었다. 무엇보다 라인강 바로 옆이라 풍경을 감상하기에 좋았다.

처음에는 트레일러나 모터홈 가득한 곳에 자가용만 끌고 들어가려니 조금 민망했다. 하지만 군데군데 차박을 위해 온 자동차들을 보니 안심이 됐다. 정해진 자리에 차를 세우고 나서 찬찬히 주변을 둘러봤다. 익숙한 라인강은 특별할 게 없을 줄 알았는데 차박러의 시선에서 본 강은 또 다른 느낌이었다. 물결에 반사된 석양이 차 안으로 비껴들었고, 공간은 평화롭게 채워졌다. 집에서 준비해 간 샌드위치로 간단하게 저녁을 해결한 뒤 뒷좌석을 눕혀 만든 바닥에 침낭을 깔았다. 그리고 그 속으로 들어가 애벌레처럼 꿈틀거렸다.

낯설면서도 묘한 포근함. 책을 읽고 블루투스 스피커에서 나오는 노래도 작게 따라 불렀다. 바닥이 완전히 평평하지 않았기에 매트를 준비하지 못한 게 유일한 아쉬움이었다. 4월의 밤은 생각보다 추웠다. 겨울의 싸한 공기에 갇힌 듯 나는 침낭 속에서 계속 뒤척였다. 짙은 어둠만큼이나 밀도 있는 작은 공간은 나 자신에게 더 집중하게 만들었다. 많은 것을 생각한 밤이었다.

서툴고 불편한 첫 차박의 추억은 여기까지다. 자주 차박을 할 생각은 없다. 하지만 가끔, 자연 속에서 하루나 이틀쯤 보내고 싶은 마음이 들면 다시 도전해야겠다. 물론 그때는 좀 더 준비가 되어 있을 것이다.

차박의 경험을 떠올리다 보니 그것이 왜 괜찮게 기억되는지 이유들도 생각났다. 우선 돈을 많이 들이지 않아도 된다. '캠핑은 장비발'이라는 말이 있다. 백패킹만 해도 마음먹고 구성하려면 생각 이상으로 많은 비용이 든다. 흔히 오토 캠핑이라 부르는 자동차 캠핑은 텐트나 주방 장비 등 갖춰야 할 것에 욕심을 부리자면 구성은 한도 끝도 없이 늘어난다. 일각에서는 간소한 장비의 초보 캠퍼를 다소 쉬이 보는 분위기도 있다. 반대로 장비를 완전히 갖춘 이들을 프로급으로 바라보는데, 이는 장비발을 세우지 못하면 아마추어 취급을 당할 수도 있다는 얘기로 치환되어 이해된다. 그런 점에서 최소한의 장비만 갖추면 되는 차박은 진입 장벽도 낮고 남과 비교하며 위축될 일도 적다.

텐트를 치거나 장비를 세팅할 필요가 없으니 시간 활용에도 좋다. 좀 더 주변을 둘러보는 등 자연을 음미하는 데 시간을 더 들일 수 있다. 게다가 나만의 공간에서 자연과 많은 시간을, 더 밀착해 보낼 수 있다는 점도 매력적이다. 혼자 있기를 좋아하거나, 혼자 여행하는 것을 즐기는 이들에게 차박은 더할 나위 없는 선택지다. 노을빛 하늘을 보며 멍을 때려도 좋고, 자신의 내면을 탐색하는 시간을 가져도 좋다. 누구의 간섭도 없다. 고요함 속에서 자연의 소리에 귀 기울이고, 차에 누워 책을 읽거나 음악을 듣거나 숲의 기운을 느낄 수 있다. 온전히 나와 나만의 공간, 그리고 자연만 있을 뿐이다.

⋮

차박이 대중화되며 자동차를 바라보는 시각도 달라졌다. 코로나19가 퍼져나가던 때를 떠올려보면 더 그렇다. 당시 자동차는 단순한 교통수단 이상이었다. 사람과의 접촉을 최소화해야 하는 상황에서 자동차는 안전한 요새였고 나만의 안식처였다. 외롭지만 괜찮은 여행의 동반자였으며 머물 수 있는 공간이었다. 답답한 일상을 벗어나 언제든 떠날 수 있었고, 길 위든 숲속이든 그 안에서 아침을 맞는 것이 더는 이상하지 않았다. 자동차가 문화 공간으로 개념이 확장된 것이다. 굳이 캠핑카를 장만하거나 번거롭게 장비를 마련하지 않아도 된다. 평소 이용하던 나의 '그 차' 그대로면 충분하다. 이것이 내가 차박을 좋아하는 이유다.

차박은 계속되고 있다. 한때 유행으로 그치지 않고 우리 삶의 한 방식으로 자리 잡았다. 예전에는 여행지에서 차에서 잠을 자면 이상하게 바라봤다. 적어도 텐트랑 연결이라도 해야 불편한 시선을 피할 수 있었다. 하지만 지금은 다르다. 차박 문화가 자리 잡으면서 사람들은 일부러 차에서 하룻밤을 보내고 그걸 기록해 사람들과 공유하며 때로는 자랑한다. 차박은 불필요한 욕심을 덜고 최소한으로 캠핑을 즐기게 한다. 자연과 밀도 있는 시간을 보낼 수 있고 사색의 깊이를 만드는 매력이 있다. 일상에서 잠시 벗어나 나를 위로하고 돌아보게 하는 마술 같은 시간을 만들 수 있다. 그래서 차박은 일상의 쉼표다. 덜어냄으로써 더 많은 것을 누리는.

듣는 타이모
: 나무에 대하요

1 — ② — 3

길 위에서 피어난 문화

그 나라 특유의 자동차 문화는 사람들이 사용하는 용어를 통해서도 드러난다. 우리나라의 경우 긍정적인 의미는 아니지만 '카푸어' 같은 신조어가 대표적이다. 카푸어는 고가의 자동차를 무리하게 구입해 경제적 어려움을 겪는 사람들을 비판적으로 지칭하는 표현이다. 또 최근에는 '하차감'이라는 단어도 자주 쓰인다. '승차감'의 반대 개념으로, 차에서 내릴 때 주변 시선을 의식하며 느끼는 만족감을 뜻한다. 고가의 수입차를 통해 사회적 지위나 자신의 가치를 인정받고자 하는 이들의 심리를 하차감이라는 표현으로 설명하고 있다.

자칭 타칭 자동차 나라로 불리는 미국에도 그들만의 표현이 있다. 대표적인 것이 사커 맘Soccer Mom이다. 미니밴이나 SUV를 운전하며 아이들 등하교를 책임지고 자녀의 학교 활동에 적극 참여하는 엄마들을 가리킨다. 장년층이라면 누구나 익숙할 범퍼 스티커Bumper Sticker 역시 미국 문화를 잘 보여준다. 처음에는 개성을 살리거나 지역과 특정 스포츠 팀을 상징하는 스티커를 자동차 범퍼에 많이 붙였지만 정치적인 메시지나 가족 자랑 문구, 재밌는 유머 문구 등으로도 활용이 다양해졌다.

요즘은 잘 쓰지 않는 선데이 드라이버Sunday Driver라는 표현도 있다. 운전을 느리고 조심스럽게 하는 운전자와 그 차량을 가리키는 말인데, 흥미로운 것은 독일에도 같은 뜻의 존탁스파러Sonntagsfahrer라는 표현이 있다. 이 단어는 미국에서보다 독일에서 더 흔히 사용된다.

독일 운전자들은 아우토반이든 국도든 도로의 흐름을 매우 중요하게 여긴다. 만약 충분히 달릴 수 있는 상황에서 느릿하게 운전을 해 흐름을 방해한다면 여지 없이 '존탁스파러'라는 소리를 듣게 된다(나의 경험이기도 하다). 이 표현에는 단순히 운전을 느리게 한다는 의미만 담긴 것이 아니다. 운전을 제대로 배우지 못했거나 운전 능력이 떨어진다는 부정적 뉘앙스까지 들어 있다.

독일에는 이렇듯 그들의 자동차 문화를 드러내는 표현이 적지 않은데 그중에서 개인적으로 가장 좋아하는 것을 꼽으라면 단연 올드타이머Oldtimer다. 원래 이 단어는 영어권 지역에서 노인, 혹은 숙련자나 베테랑, 지역 토박이 등의 의미로 사용되는데 독일에서는 엉뚱하게도 자동차와 관련한 용어로 자리 잡았다. 제2차 세계대전이 끝난 후 독일은 경제 재건이라는 역사적 과업에 몰두했다. 그리고 그 노력은 '라인강의 기적'이라는 표현으로 대표되는 경제적 성과를 낳았다. 1970년대에 들어서며 서독 경제는 더욱 안정화되었다. 먹고 사는 것 외의 것들에 관심을 가질 여유가 생겼고, 그 여유는 전쟁 이후 생산된 노후 자동차의 가치를 보존하자는 목소리로 이어졌다. 그 일환이었을까? 독일인들은 오래된 자동차를 지칭하는 클래식 카, 빈티지 자동차 등의 영어 표현과는 조금 결이 다른, 자신들만의 표현을 만들어 쓰기 시작했다. 그것이 올드타이머다.

올드타이머라는 용어를 통해 자국의 클래식 자동차 문화를 고유화하는 데 노력한 이들은 클래식 카를 소유하고 있거나 동호회 등에서 적극적으로 활동하던 사람들이다. 1990년대 후반에 이르러 환경 규제가 강화되고 대도시 진입에 제한이 생기는 등 노후 자동차의 존속 자체가 위협받기 시작하자 그들은 기술을 바탕으로 만들어진 문화적 자산으로서 옛날 자동차를 국가 차원에서 보호해야 한다며 더욱 목소리를 높였다. 그리고 이에 정치권이 반응했다.

여러 차례 논의 끝에 1997년 드디어 올드타이머는 공식적으로 법적 지위를 획득했다. H 번호판H-Kennzeichen 제도를 통해 정부 차원의 보호를 받게 된 것이다. 그런데 이 H-번호판은 차가 오래되었다고 해서 무조건 부착할 수 있는 것이 아니다. 일단 출시 시점 기준으로 30년이 넘어야 하며 오리지널 형태를 잘 유지하고 있어야 한다. H-번호판을 단 자동차는 보험료와 자동차세가 일반 차보다 저렴하다. 배출 가스 제한 구역도 자유롭게 다닐 수 있는 혜택을 누린다. 이런 H-번호판은 독일에서 빠르게 퍼져나갔고, 올드타이머는 취미의 영역을 벗어나 공적 기술 문화유산의 생태계로 자리 잡았다. 물론 H-번호판을 달지 못한다고 해서 올드타이머로 불리지 않는 것은 아니다. 법적으로 인정받지 않는다고 해서 역사적, 문화적 가치가 사라지는 것은 아니기 때문이다.

어느 주말로 기억된다. 동네 마트 주차장에 차를 대고 내리는데 로버 시절의 귀여운 미니 한 대가 내 차 옆으로 들어왔다. 운전자는 젊은 독일 남성으로 키가 족히 2m는 되어 보였다. 운전석에서 구겨진 몸을 펴듯 차 밖으로 나오는 그의 모습이 재밌기도 하고 왠지 모르게 반갑기도 했다. 범퍼 쪽을 힐끔 보니 H-번호판이 달려 있었다. 마침 눈이 마주쳤고, 나는 간단히 인사를 건네며 물었다. "차 정말 예쁘네요. 직접 구입한 건가요?" 그러자 그가 웃는 얼굴로 답했다. "아뇨. 아버지가 젊을 때 산 차였는데 운 좋게 저한테까지 왔네요." 그의 '운 좋게'라는 표현이 마음을 툭 하고 건드렸다. 이십 대 젊은이가 최신식 스포츠카를 몰고 다니는 것도 멋지겠지만 이렇게 오래된 자동차를 아끼며 타는 모습이 또 다른 낭만으로 비쳤다.

독일뿐 아니라 유럽의 주말 도로는 말 그대로 올드타이머의 향연이다. 한가한 오전, 시골길이나 숲길을 여유롭게 달리는 이들부터 같은 차를 타는 동호회 모임까지, 각자의 즐길 거리와 사연으로 가득한 옛날 차들은 도로의 그림체를 바꿔놓는다. 꼭 특별하거나 비싼 차만 있는 것이 아니다. 나름의 사연과 세월을 품고 있는 차들이 주인공이다. 이런 풍경을 보는 것은 더없이 즐거운 일이다.

나는 '불리'라는 애칭으로 잘 알려진 폭스바겐의 1세대 마이크로버스, BMW 2002 터보, 또는 아우디 80 콰트로와 같은 올드타이머를 특히 좋아한다. 당연한 얘기지만 언젠가 그런 차의 주인이 되어 주말 라이딩을 하고 싶다. 나이 지긋한 독일 할아버지가 클래식 컨버터블을 타고 손자와 함께 딸기를 사러 온 모습이 아직도 기억 속에 생생하다.

내가 올드타이머를 좋아하게 된 것도, 그리고 언젠가 그런 차를 직접 운전하고 싶다는 꿈을 꾸게 된 것도 그때 그 모습이 영화의 한 장면처럼 남아 있기 때문이다. 올드타이머는 낭만이다.

> ↦ **영타이머(Youngtimer)도 있다?**
> 영타이머는 30년이 안 된, 출시된 지 약 20년 전후의 자동차들을 일컫는다. 올드타이머의 대비되는 개념이면서 동시에 하위 범주에 속하는 표현이라고 볼 수 있다.

1인분 시대

작은 차의 시대 풍경

— 1 —（2）— 3 —

길 위에서 피어난 문화

"2024년 기준, 한국의 1인 가구 비중은 전체 가구의 36.1퍼센트로 역대 최고치를 기록했습니다." TV에서 뉴스가 흘러나오고 있었다. 앵커의 무표정한 표정을 타고 전해지는 소식을 어떤 마음으로 받아들여야 할지 잠시 생각했다. 다만 한 가지는 분명해졌다. 이제 혼자 사는 사람들의 이야기가 더는 소수의 얘기가 아니라는 것.

혼자 사는 사람이 늘자 시장 풍경도 바뀌었다. 과거에는 찾기 어려웠던 1인 가구용 세탁기나 청소기, 소형 식기세척기가 출시되고 있고, 경제적 부담을 줄이기 위한 가전 구독 서비스도 등장했다. 배달 음식점도 1인분 주문을 꺼리지 않으며, 혼자 먹는 한 끼 분량의 식재료도 손쉽게 구할 수 있다. 이런 환경에서는 자동차도 큰 것이 필요 없다. 짐도 많지 않은 데다 출퇴근이나 가까운 곳에 다녀오기 위한 용도로 주로 혼자 이용하는 이들에게는 말이다. 거기다가 대중교통 시스템은 얼마나 잘되어 있나. 그들에게 자동차 뒷좌석은 사실상 필요 없는 공간이나 다름없다. 큰 짐을 실어야 하면 어떡하냐고? 한

국만큼 효율적인 배송 시스템을 가진 나라도 드물다. 배달은 하나의 문화로 자리 잡은 지 오래다. 이렇게만 보면 한국은 작은 차, 즉 경차에 어울리는 구조를 하고 있다. 하지만 현실은 정반대다. 경차는 좀처럼 자리를 잡지 못한 아픈 손가락 같다. 등장했다가 조용히 퇴장하기를 반복하는. 왜 그런 걸까?

한국 경차 역사의 시작을 알린 티코의 출시는 1991년에 이뤄졌다. 정부가 에너지 절감과 서민의 개인 이동성 증대라는 목표를 세운 것이 1983년이니 결실을 보기까지 8년이나 걸린 셈이다. 일본 경차를 모델로 삼은 티코는 초기에는 놀림도 많이 당했다. 작은 차체와 낮은 출력을 비웃는 표현들이 시중에 넘쳐났다. 차의 크기와 신분을 동일시하는 분위기 속에서 티코는 관심 밖의 자동차였다. 하지만 1990년대 후반 기름값이 폭등하며 순식간에 인기 스타가 됐다.

IMF 외환 위기까지 찾아오자 정부는 경차 혜택을 늘렸고, 제조사들도 발 빠르게 아토스(현대 자동차, 1997), 비스토(기아, 1998), 마티즈(대우 자동차, 1998) 등을 내놓았다. 이후 엔진 배기량이나 차체를 키운 모델도 혜택을 누릴 수 있도록 규정을 완화하는 등 경차 활성화를 위해 정부도 계속 힘을 보탰다. 2012년에는 판매량이 연간 20만 대를 넘기기도 했다. 장사가 잘되자 타우너와 다마스 같은 경상용차도 함께 내놓았다. 완성차 업체들은 경차 전성시대를 꿈꿨다. 하지만 기뽐은 오래가지 못했다.

경제가 살아나자 큰 차를 선호하는 분위기도 함께 살아났다. 거기다가 점점 비싸지는 경차 가격과 줄어든 혜택은 소비자가 등을 돌리게 했다. 실제로 옵션을 가득 넣은 경차 가격과 사양이 적은 준중형 모델의 기본가는 차이가 나지 않는다. 충돌 안전성, 공간 활용 등도 불만이었다. 자연스럽게 사람들은 덩치 큰 SUV로 시선을 돌렸다. 넓은 도로 등, 도시 인프라 자체가 큰 차 위주로 설계된 점도 소비의 빠른 태세 전환을 부추긴 측면이 있다. 2010년대에 들어서 SUV 인기는 불붙듯 타올랐고, 경차 시장은 차갑게 얼어붙었다. 팔아도 남는 게 없다는 제조사들의 앓는 소리에 경차 개발 계획 역시 힘을 잃으며 벼랑 끝으로 몰리는 신세가 됐다.

그럼에도 여전히 작은 차를 좋아하고 잘되길 바라는 사람들이 있다. 우리도 유럽처럼 소형차 중심의 사회가 되어야 한다고 목소리를 높이는 이들. 거기에는 나도 포함된다. 하지만 유럽도 처음부터 작은 차가 인기 있었던 것은 아니다. 고급스럽고 일정한 크기 이상의 자동차가 팔리던 유럽 자동차 시장에서 소형차 시대가 본격적으로 열린 것은 제2차 세계대전 이후였다. 전쟁으로 경제적 어려움을 겪던 유럽인들은 엎친 데 덮친 격으로 연료 부족의 어려움마저 겪었다. 이때부터 경차, 그리고 심지어 그보다 더 작은 1~2인용 초소형(마이크로) 자동차에 관심이 커졌다. 항공기를 만들던 회사부터 냉장고를 만들던 곳까지, 비교적 낮은 기술력으로도 만들 수 있던 초소형차 생산에 너 나 할 것 없이 뛰어들었다. 하지만 인기는 길지 않았다.

피아트 500, 미니 등이 등장한 후 많은 초소형차가 사라졌다. 충분한 거리를 달릴 수 있고, 적당히 짐도 실을 수 있으며, 최대 네 명까지 탑승이 가능한, 그러면서도 경제적인 작은 해치백이 유럽 도로의 주인공이 됐다. 유럽이 우리와 달리 중형차 이상의 큰 차로 쏠리지 않고 작은 차 중심 문화가 자리 잡은 데에는 몇 가지 이유가 있다.

먼저 좁은 도로다. 오래된 도시의 좁고 복잡한 도로와 협소한 주차 공간은 큰 차보다 작은 차에 유리했다. 또 배기량과 차의 크기에 따라 세금이나 보험료가 크게 달라지는 제도도 소형차를 장려하는 쪽으로 작용했다. 여기에 일찍 독립해 혼자 생활하는 청년층과 정년 후 주로 연금으로 생활하는 노년층에게도 큰 차는 부담스러운 선택이다. 이들은 차를 신분의 상징으로 보기보다는 실용적인 이동 수단으로 여긴다. 남이 어떻게 보는지, 그들의 시선을 고려하기보다는 자신의 형편에 맞는 차를 선택하는 것이 더 중요하다. 그러니 차의 크기는 별로 중요한 선택의 기준이 아니었다.

내가 이런 유럽의 소형차 문화에 동화되는 데는 그리 오랜 시간이 걸리지 않았다.

 독일에 온 지 얼마 안 됐을 때 시내에서 본 주차 장면이 아직도 생생하게 기억난다. 주말 프랑크푸르트 시내는 마인강변에서 열리는 행사와 맞물려 일찍부터 곳곳에서 주차 경쟁이 벌어지고 있었다. 운 좋게 차를 세워둔 일행과 나는 길을 따라 걸었다. 그때 1세대 스마트 포투 한 대가 차 댈 만한 곳을 찾는 게 보였다. 이미 주변 도로는 양쪽으로 차들이 빽빽하게 주차되어 있었다.

 마침 한 곳에 공간이 보였다. 하지만 앞뒤로 주차된 차의 간격이 넓었을 뿐 그 사이로 들어가는 건 불가능해 보였다. 일반적인 자동차였다면 말이다. 스마트 포투 운전자는 그대로 틈 사이로 차를 몰고 들어가 낮은 인도의 턱 위로 앞바퀴를 올려 주차했다. 1세대 스마트 포투의 전장, 그러니까 차의 길이는 2.5m밖에 되지 않았다. 보통의 준중형 자동차 길이가 4.3m 전후이니 스마트 포투 2인승은 거의 2m나 짧았고, 그 덕분에 말도 안 되는 가로 주차가 가능했다.

 그때부터였다. 작은 차를 운전하는 기분이 어떤지 궁금해졌다. 큰 차가 도로의 주인인 한국에서 온 내 눈에 유럽인들의 작은 차 사랑은 유별나 보였고, 그 문화가 궁금했다. 나는 적극적으로 다양한 유럽 경차들을 경험하기 시작했다. 지인에게 빌릴 수 있으면 빌렸고, 그게 안 되면 렌터카를 이용했다.

로렐라이 언덕길을 폭스바겐 경차 업UP으로 신나게 오르내리던 날도 잊을 수 없다. 라인 협곡 주변의 고지대 작은 마을 사이를 업은 문제 없이 누볐다. 어느 이름 모를 마을의 좁은 골목길을 지났을 때 본 노을 지는 라인강 전경은 평생 잊지 못할 것이다. 이탈리아에 갔을 때는 수동 변속기의 경차 피아트 500을 렌트했다. 고속도로와 아기자기한 시골길을 누비는 일은 피아트 500으로도 충분했다. 또 아름다운 프랑스 남부 작은 마을들을 방문할 때는 야무진 푸조 208의 신세를 졌다.

이탈리아에서는 이탈리아 경차를 탔고 프랑스에서는 프랑스 소형차로 그들을 경험했다. 작은 차 탐닉은 이후로도 계속됐다. 아우디 A1 같은 소형차로 독일 숲길을 와인딩할 때는 왜 그렇게 신나던지. 또 운전자의 의지와 감각을 그대로 담아낼 줄 알았던 BMW 1시리즈(1세대)는 순수한 기계 엔지니어링의 결정체처럼 느껴졌다.

한 자동차 박물관 앞마당에서 펼쳐진 100여 대의 초소형 클래식 자동차 모임에서는 그들이 들려주는 관리법과 각종 사연을 듣느라 시간 가는 줄 몰랐고, 주말에 우연히 만난 시의 하수처리장 관리인 아저씨의 1세대 골프 무용담을 들으며 함께 웃기도 했다. 한국에서 큰 차를 타는 것에 익숙했던 내게 이런 작은 차 경험과 그런 차를 사랑하는 사람들과의 교류는 자동차를 바라보는 시각을 완전히 바꿔놓았다. 자동차 문화가 어떻게 만들어지고 이어지는지, 작은 차가 유럽인의 삶에 어떤 의미인지 조금 더 알게 됐다. 요즘 유럽에서는 SUV의 인기로 경차나 소형 해치백(B 세그먼트) 판매량이 줄고 있다. 대신 소형 SUV가 그 자리를 차지하고 있다. 소형 해치백에서 소형 SUV로 형태만 바뀐 것일 뿐, 작은 차는 여전히 가장 많이 팔린다.

⋮

최근 유럽 자동차 시장에는 새로운 흐름 하나가 나타났다. 정확하게는 수십 년 전, 유럽에서 반짝 인기를 끌었던 1~2인용 마이크로 자동차가 전기차 시대를 맞아 되살아난 것이다. 그 시작을 알린 건 2012년부터 유럽에서 판매된 르노 트위지였다. 트위지는 2인이 앞뒤로 앉는 구조의 초소형 전기차다. 출시 직후부터 배달용이나 호텔 등에서 홍보나 손님들의 이동을 위한 서비스 용도로 자주 활용됐다. 젊은 층 사이에서도 트위지는 큰 관심을 받았다. 부담 없는 가격에 작은 골목도 마음껏 다닐 수 있다는 점이 매력으로 다가왔기 때문이다. 트위지 이후 시트로엥은 아미라는 2인승 모델을 내놓았고, 아미에 기반한 오펠의 락스-e와 피아트 토폴리노, BMW 이세타에서 영감을 얻은 마이크로리노 등이 잇따라 등장했다. 모두 1~2인용 초소형 전기차들이다. 지금 유럽에서는 이런 차들을 어렵지 않게 볼 수 있다. 이 외에도 현재 여러 제조사가 마이크로 전기차를 준비 중이다.

나는 이런 초소형 전기차가 1인 가구가 늘어나는 한국에서도 충분히 유용하게 쓰일 수 있다고 생각한다. 이는 먼 미래의 얘기가 아니다. 몸이 불편한 노인들이 2인승 자율주행 전기차를 이용하는 일, 머지않아 현실이 될 풍경이다. 사회가 차의 크기가 아닌 사회적 가치와 기능에 좀 더 집중한다면 작은 차에 대한 편견도 사라지고 비로소 자동차 신분주의 사회도 조금씩 유연하게 변할 것이다. 그렇게 될 때 실용주의와 개성이 강조되는 개인 이동성 사회가 자리 잡을 수 있을 것이다. 1인 가구의 시대, 자동차 역시 그에 걸맞은 진화를 시작하고 있다.

ヲ

디자인과 사람들

바퀴 위에서 피어난 예술
: 자동차 디자인의 시작

자동차 박물관은 단순히 오래되거나 예쁜 차를 모아놓은 곳이 아니다. 크게 보면 인류 이동의 역사를, 작게는 한 대의 자동차가 가진 기술, 문화, 감성의 헤리티지를 이곳에서 체험할 수 있다. 책과 잡지를 통해 배울 수도 있지만 평면적 지식을 입체화해준다는 점에서 자동차 박물관은 매력적인 공간이 아닐 수 없다. 거기에는 전시 자동차에 담긴 고유한 사연을 읽는 즐거움도 있고, 기술 발전을 따라가는 과정도 흥미롭게 연출돼 있다. 무엇보다 시대별로 달라지는 자동차 디자인의 변화를 한눈에 볼 수 있다는 것이 큰 매력 포인트다. 그래서 자동차 박물관을 어느 정도 경험하다 보면 자연스럽게 이런 의문에 닿게 된다. '자동차 디자인은 언제 시작된 것일까?'

자동차 역사, 나아가 자동차 디자인 역사의 출발점은 1886년 공개된 카를 벤츠Karl Benz의 파텐트 모터바겐이라 할 수 있다. 그러나 1차 세계대전 전까지 자동차 형태는 마차의 형식을 크게 벗어나지 못했고, 관심은 주로 성능 향상에 맞춰

져 있었다. 자동차를 미학의 관점에서 본격적으로 다루기 시작한 것은 1920년대 전후에 들어서였다.

1차 세계대전 이후 아르데코 양식이 세계적으로 유행했다. 이전 세대를 대표했던 아르누보가 자연에서 주로 영감을 얻은, 부드럽고 비대칭적이며 섬세한 곡선미를 강조했다면 아르데코는 화려한 장식과 다양한 소재, 그리고 간결하고 정제된 형태를 특징으로 한다. 완벽한 대칭과 기하학적 구조 속에는 현대 기술에 대한 추앙의 분위기도 담겨 있었다. 1925년 파리에서 '현대 산업 및 장식 예술 국제 박람회'라는 지루하게 긴 제목의 행사가 열렸다. 사람들은 파리 아르데코 박람회로 줄여 불렀고, 이때부터 아르데코라는 명칭이 사용됐다. 1920년대와 1930년대는 건축, 영화, 미술, 가구와 조명, 서체 등 모든 영역이 아르데코 양식의 영향 아래 있었다.

그렇다면 아르누보 양식은 왜 자동차 디자인에 영향을 주지 못한 걸까? 아르누보의 특징은 설명한 것처럼 자연에서 영감을 얻은 비대칭적이고 섬세한 곡선의 미에 있다. 하지만 자동차를 비대칭으로 만들 수는 없다. 그러니 아르누보 양식의 영향은 자동차 제작에 제한적일 수밖에 없었다. 자동차를 만들던 주체들이 스타일의 중요성에 눈을 뜬 것 역시 전쟁 후인 아르데코 양식이 유행하던 그 시절이기도 했다.

1차 세계대전 이후 포드의 주도 아래 자동차 대량 생산 시대가 열렸다. 저렴한 가격의 자동차를 마치 라디오를 찍어내듯 쉽게 내놓았다. 그렇게 만들어진 포드 T 모델은 디자인보다는 가성비가 중요했고, 화려한 색상보다는 오직 검은색 하나로 효율성에 초점이 맞춰져 있었다. 그런데 자동차가 어느 정도 팔려나가자 사람들은 단조로움에 질리기 시작했다. 이때 GM을 이끌던 알프레드 슬론은 포드와는 차별화된 시장 접근 전략을 택했다. '고의적 진부화'라는 개념이 그것이었다. (요즘 모든 제조사가 하는) 연식 변경 등을 통해 지속적으로 신차를 내놓으며 소비자로 하여금 기존 제품에 싫증을 느끼게 해 구매를 유도하는 것이다. 그리고 이 전략의 핵심은 디자인이었다.

GM은 1927년 '아트 앤드 컬러' 부서를 만든다. 자동차 업계 최초 디자인 부서의 탄생이었다. 알프레드 슬론은 자동차가 성능 이상의 또 다른 매력 포인트가 있어야 한다고 생각했다. 시각적 즐거움, 선택의 즐거움을 소비자에게 주기로 했다. 영리한 전략이었다. 헨리 포드가 대량 생산의 역사를 썼다면 그것 위에 소비욕을 자극할 만한 판매 전략을 세운 건 알프레드 슬론이었다. 이렇게 자동차 대중화와 디자인의 본격화는 동시에 이뤄졌다.

그런데 미국과 달리 유럽은 여전히 자동차 제조업체 규모가 작았고 생산량 또한 많지 않았다. 제조사가 기술적인 부분을 담당하면 차체 제작과 디자인은 주로 외부 전문가에 맡기는 방식을 취했다. 이들을 코치빌더Coachbuilder라 불렀는데 코치빌더는 원래 마차를 제작하던 공방이었다. 마차의 시대가 막을 내리자 코치빌더들은 생존을 위해 자동차 차체 제작으로 돌아섰다. 마차를 제작할 때처럼 그들은 롤스로이스나 벤틀리, 부가티 같은 럭셔리 자동차 회사들의 요구에 맞춰 차체를 디자인하고 만들었다. 당시 코치빌더들 또한 아르데코 양식의 영향에서 벗어날 수 없었다.

그들의 차는 화려한 장식으로 꾸며졌고 좋은 소재가 많이 사용됐다. 당연히 차는 비쌌다. 당시 고급스럽고 화려한 자동차를 구입한 귀족 등 상류층은 누구의 차가 더 예쁘고 화려한지 자랑하고 싶어 했다. 이 경쟁심은 단순한 취향 과시를 넘어 차를 하나의 예술품처럼 평가하고 겨루는 문화로 이어졌다. 그 흐름 속에서 콩쿠르 델레강스Concours d'Élégance가 탄생했다. '우아함의 경연'이라는 의미의 이 뽐내기 대회는 17세기 프랑스 귀족들이 복장과 마차를 아름답게 꾸미고 그것을 서로 자랑하고 경쟁하던 모임에서 출발했다.

1921년 프랑스 드빌에서 열린 행사를 최초의 자동차 콩쿠르 델레강스로 본다. 여기에 디자인 하면 빼놓을 수 없는 이탈리아에서도 비슷한 경연 대회들이 등장하는데, 1929년 시작된 콩코르소 델레간차 빌라 데스테가 대표적이다. 다양한 경연 대회들 중 가장 대중적으로 성공한 것은 1950년대 미국에서 시작된 페블비치 콩쿠르 델레강스다. 콩코르소 델레간차와 함께 대표적 자동차 경연 대회로 자리했다.

그러나 자동차 디자인의 발전은 단순히 화려함을 겨루는 것에 멈추지 않았다. 자동차는 예술적 장식의 단계에서 점차 기능과 과학이 결합한 새로운 미학의 범주로 나아갔다. 자동차 디자인에 아르데코 양식이 생명을 불어넣었다면, 자동차 디자인이 예술의 경지에까지 이를 수 있음을 확인시킨 것은 유선형 디자인이다.

항공기와 기차 등 당시 자동차 외의 교통수단들은 공기 역학 연구에 집중하고 있었다. 여기서 나온 것이 바로 저항을 최소화하는 유선형 디자인이다. 포드, GM과 함께 미국 자동차 빅3 중 하나였던 크라이슬러는 1934년 에어플로우라는 모델을 출시했다. 풍동 실험을 통해 공기 저항을 줄이는 유선형 디자인이 양산차에 최초로 적용된 것이다. 에어플로우는 유선형 디자인의 본격화를 알리는 일종의 신호탄이었는데, 이런 시도가 크라이슬러에서 나온 것은 우연이 아니었다. 크라이슬러를 세운 회장 월터 크라이슬러Walter Chrysler는 철도 엔지니어 출신으로, 기차의 공기 역학 원리를 잘 이해하고 있었다. 크라이슬러는 항공기 엔지니어들과 협업했고, 그 결실이 에어플로우였다. 시장에서 큰 성공을 거두지는 못했지만 이 차의 등장으로 경쟁사들이 본격적으로 유선형 디자인의 자동차를 내놓게 됐다는 점에서 역사적으로 의미가 크다.

그런데 유럽의 코치빌더들도 이런 흐름을 주목했다. 원가에 대한 압박이 덜한 만큼 좋은 소재와 과감한 디자인으로 차를 만들 수 있었고, 그래서 여러 유럽 럭셔리 모델들에 아르데코 양식과 유선형 디자인이 동시에 적용되었다. 이 새로운 융합의 시대를 대표하는 자동차가 부가티 타입 57SC 아틀란틱이다.

부가티는 1909년 밀라노 태생의 프랑스인 에토레 부가티Ettore Bugatti에 의해 세워졌으며 각종 경주 대회에서 좋은 성적을 내며 이름을 알렸다. 특히 1934년부터 1940년까지 만들어진 부가티는 타입 57이라는 모델이 유명하다. 총 710대가 생산됐으며 여러 파생 모델이 있었다. 그중 최고의 명차, 아름다운 자동차로 손꼽히는 것이 타입 57SC 아틀란틱이다. 창업자 에토레 부가티의 아들 장 부가티Jean Bugatti에 의해 단 네 대만 제작된 타입 57SC 아틀란틱은 슈퍼차저(엔진 등에 쓰이는 과급기의 일종)가 적용된 낮은 차체의 고성능 모델이었다. 시작은 1935년 파리 오토 살롱에서 공개된 프로토타입 에어로리테였다. 에어로리테는 항공기용 마그네슘과 알루미늄 합금 일렉트론으로 제작되었는데, 가볍고 튼튼하지만 불에 약해 용접이 불가능했다. 장 부가티는 이 문제를 리벳 접합

방식으로 해결했다. 그러나 양산용 타입 57SC 아틀란틱의 차체는 용접이 가능한 알루미늄 소재로 바뀌었다. 그런데 장 부가티는 용접을 하지 않았다. 리벳으로 처리된 등지느러미 모양의 솔기가 이 차의 디자인적 특징을 보여준다고 판단한 것이다. 탁월한 결정이었다. 타입 57SC 아틀란틱 솔기는 모방할 수 없는 시그니처가 됐다.

아틀란틱은 우아한 차체에서 나오는 비례미, 리벳 접합 기술을 통한 독보적 스타일링, 공기 역학에 대한 고민과 다양한 소재의 적용 등 아르데코 디자인 절정기에 자동차가 예술적 가치를 구현할 수 있음을 보여준 최고의 사례다. 지금까지 수많은 명차가 만들어졌지만 이만큼 인상적인 모델은 드물다. 부가티 아틀란틱이 보여준 것은 단순한 아름다움이 아니었다. 그것은 자동차가 순수 기능의 산물이라는 개념을 넘어 인간의 감성과 욕망을 담아낼 수 있는 그릇임을 상징적으로 보여줬다.

⋮

1920년대와 1930년대는 자동차가 디자인의 생명을 입기 시작한 시기였다. 디자인 전담 부서가 생겨나고, 시각적 즐거움을 통해 자동차 교체 주기를 앞당겼으며, 코치빌더들은 자동차를 하나의 예술품처럼 빚어냈다. 아르데코 양식과 유선형 디자인이 결합하며 성능과 스타일, 과학과 예술이 자연스럽게 어우러지는 새로운 시대가 열린 것이다. 단순히 마차의 대체제로 출발한 자동차는 1920~1930년대를 거치며 각기 다른 손길과 감각을 담은 독립적 문화 아이콘으로 자리 잡았다. 그리고 시대가 흐르면서 여기에 안전이라는 가치가 더해졌다.

디자인은 아름다움과 성능에 더해 안전까지의 조화를 고민해야 하는 단계까지 왔다. 쉽지 않은 도전이지만 디자이너들의 마법은 계속되고 있으며 자동차는 여전히 사람들의 꿈과 취향을 담아내는 달리는 캔버스로 남아 있다. 바퀴 위에서 피어난 예술, 그 욕망은 결코 지치지 않는다.

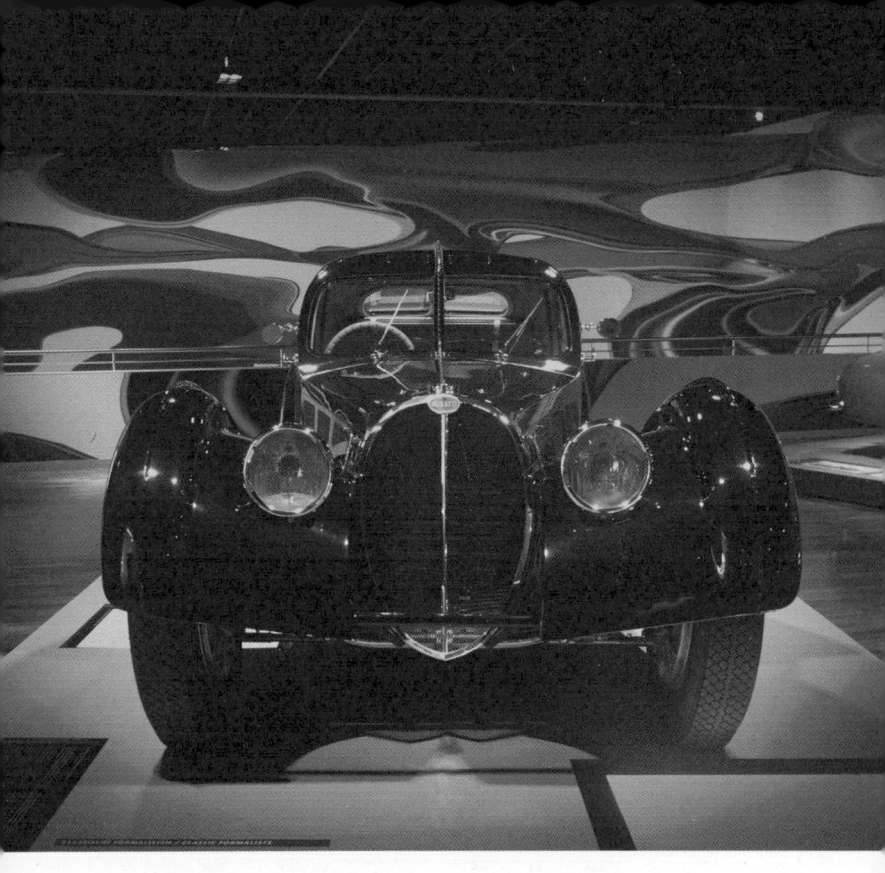

부가티 57SC 아틀란틱 ©이완

리벳 접합으로 돋보이는 타입 57SC 아틀란틱

©이완

가장 멋진 자동차 디자이너
: 벨롯소와 프리드리히 가이거

1 —— 2 —— ③
디자인과 사람들

차분한 사람이 좋다. 조용히 자기 일을 해나가는 이들, 말보다는 행동으로 보여주는 사람, 자신이 돋보이지 않아도 되며 결과로 증명하는 사람, 주관이 있지만 상대에게 강요하지 않으며, 주변 이야기에 귀 기울일 줄 아는 그런 사람. 이런 사람을 싫어할 이가 있겠냐만은.

:

프리드리히 가이거Friedrich Geiger는 사람에 대한 이런 내 취향을 자극하는 인물 중 하나다. 1907년에 태어난 이 독일인은 아름답고 유명한 자동차들을 디자인했음에도 너무나 조용한 삶을 살았다. 그가 디자인한 자동차는 알아도 그 차를 디자인한 이가 누구인지는 대부분 모른다. 내가 그에 대한 이야기를 지금 하는 것도 겸손하게 빛난 이 별을 한 명이라도 더 기억해줬으면 하는 마음에서다.

프리드리히 가이거의 사회생활은 마차와 수레를 만드는 것에서 출발했다. 관련 직업 훈련을 받고, 그 어렵다는 마이스터 자격시험까지 통과했지만 무슨 이유에서인지 합격과 동시에 마이센 공학교 입학으로 방향을 틀었다. 지금의 공과대학 같은 곳으로, 그는 그곳에서 자동차 제작을 공부했다. 1933년 학업을 마친 이듬해 고향과 가까운 곳에 있는 다임러 벤츠에 취업한다. 그리고 입사와 동시에 특수 차량 제조 부서에 배치되며 설계 엔지니어로서 본격적인 업무를 시작했다. 첫 번째로 주어진 임무는 500K라는 이름의 자동차 형태 설계였다. 쉽게 말하면 차체 디자인이다.

설계 엔지니어가 자동차 디자인을 한다? 조금 이상하게 들릴 수 있겠지만 자동차는 오래도록 전문 디자이너 없이 차를 설계하는 사람이 스타일링까지 담당했다. 그러다 1920년대 후반 미국의 자동차 제국 GM에 '아트 앤드 컬러' 부서가 생기면서 자동차 디자인은 하나의 독립된 영역으로 인정받기 시작했다. 이 부서를 만들고 이끈 이는 할리 얼Harley J. Earl로, 전문 디자이너 시대를 연 자동차 디자인의 아버지로 불린다.

놀라운 점은 프리드리히 가이거가 회사에 들어가자마자 주요 모델 디자인을 맡았다는 사실이다. 이 과정에 대한 정확한 정보는 없지만 아마도 그의 뛰어난 실력을 눈여겨본 누군가가 회사로 데리고 와 프로젝트를 과감하게 맡긴 것으로 짐작된다.

이 말 없고 착실한 이십 대 젊은이는 시작부터 500K와 540K와 같은 걸작을 디자인했다. 1934년에 출시돼 1936년까지 3년 간 342대의 500K가 만들어졌는데 한 대 가격이 부유층 집 한 채 가격과 맞먹었다. 히틀러는 500K를 이란 팔레비 왕조의 리자 샤 팔레비에게 선물하기도 했고 하인리히 힘러, 헤르만 괴링 같은 나치 권력 실세들 또한 540K와 메르세데스의 리무진 등을 즐겨 타고 다녔다. 그중에서도 서른 대 미만만 만들어진 메르세데스 500K 스페셜 로드스터는 걸작 중의 걸작으로 꼽힌다.

이 차를 처음 접한 것은 자동차 잡지에서였다. 자동차에 막 눈을 뜬 어린 학생의 눈에 500K 스페셜 로드스터는 하나의 예술 작품처럼 보였다. 사진이나 동영상 등을 통해 이후로도 쭉 500K 스페셜 로드스터를 감상할 수 있었지만 그때마다 직접 보고 싶다는 갈증은 더해졌다. 그리고 결국 그 갈증은 메르세데스 벤츠 박물관에서 실물을 마주하고서야 해소할 수 있었다.

전시장 중앙에 놓인 붉은 500K 스페셜 로드스터는 5미터가 넘는 길이에도 투박함 없이 부드럽고 세련된 아름다움으로 관람객들을 매혹했다. 아르데코 양식의 정수를 보여주는 완벽한 대칭미와 유선형 디자인의 조화는 몇 번을 봐도 질리지 않는다. 정말 많은 자동차를 보았지만 내게 500K 스페셜 로드스터는 자동차 미학의 결정체처럼 느껴졌고, 지금도 그 생각에는 변함이 없다.

프리드리히 가이거의 첫 작품 500K 스페셜 로드스터

©Mercedes-Benz Group AG

감탄을 넘어 감동으로 나를 이끈 이 차를 디자인한 프리드리히 가이거는 요즘 표현으로 말하자면 전형적인 극 I형 인물이었다. 그를 이야기할 때 빼놓을 수 없는 자동차가 하나 더 있는데 바로 300 SL이다. '최초의 슈퍼 카'로 불리는 이 모델은 500K 스페셜 로드스터 전시실 바로 아래층에서 만날 수 있었다. 500K 스페셜 로드스터가 관람객에게 많은 인기를 받는 모델이라고 해도 메르세데스 벤츠 박물관의 주인공이자 하이라이트는 누가 뭐래도 300 SL이다.

프리드리히 가이거는 2차 세계대전이 끝난 후 어려움을 겪던 메르세데스 다임러의 구조 조정 정책에 의해 회사를 나오게 된다. 그러나 그는 2년 후인 1948년, 테스트 디자이너라는 직책을 달고 복귀했고, 몇 년 후 디자인팀을 이끄는 수장의 자리에 올랐다. 그리고 그때 나온 자동차가 300 SL이다. 이 차가 유명해진 여러 이유 중 하나는 갈매기 날개처럼 열리는 걸윙 도어다. 300 SL은 원래 경주용으로 설계됐다. 그런데 차체 구조 때문에 평범하게 여닫는 문을 설계할 수 없었고, 그래서 고민 끝에 새의 날개처럼 열리는 걸윙 도어 방식을 적용했다. 생김새가 다소 밋밋했던 레이싱 카였지만 뛰어난 성능으로 인해 양산이 되길 바라는 사람들이 생겨났다. 그중에는 미국의 유명한 자동차 수입업자 맥스 호프만Max Hoffman도 있었다. 그는 북미 부자 고객들에게 호소할 만한 고성능 스포츠카를 원했고, 300 SL 레이싱 카가 제격이었다.

프리드리히 가이거는 성능뿐 아니라 디자인까지 모두에게 극찬받는 300 SL을 만들었다. 이 역작은 그때나 지금이나 메르세데스 벤츠의 대표 자동차 중 하나로, 최고의 스포츠카로, 그리고 가장 아름다운 메르세데스 벤츠로 평가받으며 명작의 반열에 올라 있다. 프리드리히 가이거의 두 대표작 500K 스페셜 로드스터와 300 SL은 20년의 간격을 두고 탄생했다. 그의 능력에 감탄한 지점이 바로 여기다.

⋮

자동차 디자인은 보통 10년 주기로 흐름이 바뀐다. 그리고 그때마다 새로운 디자이너들이 등장해 시대의 트렌드 변화에 어울리는 자동차를 디자인했다. 그런데 프리드리히 가이거는 전쟁으로 인한 단절과 2년 간 회사를 떠나면서 생긴 공백에도 완전히 다른 스타일의 아름다운 차를 내놓았다. 한 사람이 이 정도의 간격을 두고 최고의 결과물을 내놓는다는 건 좀처럼 보기 드문 일이다. 만약 내가 프리드리히 가이거를 몰랐다면 두 자동차가 한 사람의 작품이라고 믿지 못했을 것이다. 그의 걸작 탄생은 여기서 끝나지 않았다. 300 SL이 나오고 다시 약 10년 후인 1963년, 그랜드 메르세데스로 불린 플래그십 세단 메르세데스 600이 공개됐다. 역시 프리드리히 가이거의 손을 거친 모델이었다. 롤스로이스와 경쟁하기에 충분했던 이 단정하면서도 우아한 대형 세단은 특히 유럽과 아시아의 지도자들이 애용하며 국가 원수의 자동차로 불렸다.

그뿐만이 아니다. S-클래스로 명명된 첫 번째 모델 또한 그의 주도로 디자인됐다. 이렇듯 프리드리히 가이거는 메르세데스 벤츠의 가장 상징적인 자동차들을 직접 디자인했거나 디자인 작업을 이끌었다. 요즘 기준에서는 전 세계 자동차 팬들의 환호 속에 스타로 대접받기에 충분한 사람이었다. 그러나 그는 은둔자에 가까웠다. 언론에 거의 노출되지 않았고 대중은 그의 이름을 기억하지 못했다.

1974년, 40년 일한 회사를 떠날 때도 프리드리히 가이거를 위한 화려한 퇴임식은 없었다. 그의 후임이자 제자인 브루노 사코Bruno Sacco가 메르세데스 벤츠를 대표하는 스타 디자이너로 스포트라이트를 받은 것과는 무척 대조적인 모습이다. 프랑스의 철학자이자 사회학자인 장 보드리야르는 자동차 소비를 단순히 이동 수단의 구입이 아니라 소유자의 사회적 지위와 정체성을 나타내는 도구로 봤다. 그런 관점으로 보면 프리드리히 가이거가 디자인한 500K나 300 SL, 메르세데스 600, 그리고 S-클래스야 말로 바로 기호 소비를 만든, 자동차가 욕망의 오브제가 되는 것을 상징적으로 보여주는 대표적인 자동차들이라 할 수 있다. 그러나 프리드리히 가이거는 화려한 자동차를 디자인한 사람이라고는 믿기 어려울 만큼 조용히 일했고 조용한 삶을 살았다. 그는 퇴직 후 89세의 나이로 세상을 떠날 때까지 작은 시골 마을에서 좋아하는 그림을 그리며 살았다. 그와 관련된 유일한 공개적 활동은 사후에 진행된 고향 쥐센에서의 기증 작품 전시가 전부였다.

:

자동차 디자이너는 공업 디자인을 하는 이들이라면 누구나 한 번쯤 꿈꿔보는 직업이다. 기술과 예술의 융합이라는 관점에서 직업으로 매력적일 뿐만 아니라 좋은 디자인을 한 자동차를 통해 스타 디자이너의 자리에 올라 부와 명예를 쌓을 수 있다. 볼보 수석 디자이너였다가 자회사 폴스타의 초대 CEO 자리까지 오른 토마스 잉겐라트Thomas Ingenlath 같은 경우가 대표적이다. 신차 디자인이 호평을 받으면 디자이너 개인에 대한 관심이 높아지고, 자연스럽게 언론 등에 노출되는 일이 잦아진다.

자동차 회사들은 전략적으로 스타 디자이너를 키워 전면에 내세우게 되고, 이를 통해 브랜드를 더 알리고 브랜드 가치를 조금이라도 더 끌어올리려 한다. 그리고 스타 디자이너의 이름이 브랜드로 연결되는 효과도 얻게 된다. 할리 얼 하면 GM, 크리스 뱅글Chris Bangle 하면 BMW, 아우디와 기아 자동차 하면 페터 슈라이어Peter Schreyer, 그리고 재규어 하면 이언 캘럼Ian Callum 등을 떠올리는 것이 다 이런 이유 때문이다.

그런데 프리드리히 가이거는 달랐다. 수많은 자동차 디자이너 중 그보다 더 멋진 차를 디자인했다고 말할 수 있는 사람이 과연 몇이나 될까? 누구보다 멋지고 화려하고 뛰어난 자동차와 연결되었음에도 그의 이름은 놀라울 정도로 알려지지 않았고 낯설기만 하다. 물론 당시 회사 분위기, 그리고 독일이라는 나라의 문화적 특성도 고려할 필요는 있다.

메르세데스 벤츠는 독일을 대표하는 자동차 회사이지만 그 어떤 곳보다 집단주의적인 기업 문화를 지니고 있다. 한 명의 개인, 스타보다는 조직이 우선되는 분위기가 강했다. 이런 환경에서 내성적인 프리드리히 가이거는 개인보다는 회사의 일원으로서 역할에 충실했던 것으로 보인다. 그가 나고 자란 독일 남서부 슈바벤 지역의 특징 또한 무시할 수 없다. 근검절약, 그리고 책임감이란 것을 이야기할 때 독일인들이 가장 먼저 떠올리는 곳이 바로 슈바벤이다.

기술을 중시하고, 드러내기보다는 내면의 깊이를 따지는 독일 사회의 특징을 고려한다. 프리드리히 가이거는 전형적인 독일인에 속한다고 말할 수 있다. 말이 아닌 행동을 우선시하는(우리는 말하지 않고 일한다 Wir arbeiten, wir reden nicht) 독일식 워크에식 work ethic이 몸에 밴 사람. 그는 자신이 디자인한 자동차가 세상에서 찬사를 받을 때도 '이게 내 작품입니다'라고 외치기보다는 묵묵히 일하며 얻어낸 조직 전체의 성과로서 받아들였다.

나는 이처럼 조용히 빛나는 별들이 더 많은 사람의 관심을 받고 세상에 제대로 알려졌으면 한다. 프리드리히 가이거는 충분히 그럴 만한 자격이 있는 사람이다.

메르세데스 벤츠 300 SL 쿠페

세상에서 가장 못생긴 자동차
: 실패의 아이콘 아즈텍

1 — 2 — ③
디자인과 사람들

2008년 미국에서 방영된 〈브레이킹 배드〉는 폐암 판정을 받은 화학 교사 월터 화이트가 뇌성마비 아들과 임신한 아내의 미래를 위해 메스암페타민, 그러니까 마약 제조에 손을 대며 벌어지는 사건을 다룬 범죄 시리즈물이다. 2013년 총 다섯 개 시즌을 끝으로 막을 내린 이 미국 드라마는 수많은 상을 받았고, 역대 미국 최고 드라마 중 하나로 꼽힌다. 〈브레이킹 배드〉는 드물게 시청자와 평단 모두에게서 좋은 평가를 받았다. 아쉽게도 끝까지 시리즈를 보진 못했지만 시즌 2까지는 정신없이 빠져들며 즐겼던 기억이 있다.

히트 드라마가 다 그렇듯 〈브레이킹 배드〉 촬영지는 방영 후 명소가 되었고, OST도 큰 인기를 누렸다. 또 드라마 속 소품들은 경매에서 높은 액수에 낙찰되기도 했다. 그중에서도 유독 많은 관심과 사랑을 받은 것이 있는데, 바로 주인공 월터 화이트가 타고 다니던 자동차 아즈텍이었다.

폰티악에서 2001년부터 2005년까지 판매한 SUV 아즈텍은 〈브레이킹 배드〉에 등장하기 전까지 흔히 얘기하는 '세상에서 가장 못생긴 자동차' 관련 콘텐츠에서만 언급되던 모델이었다. 못생긴 차 순위 매기기를 좋아하는 영국, 독일, 그리고 미국의 자동차 전문 매체들에게 피아트 멀티플라, 쌍용 로디우스와 함께 아즈텍은 맛있는 먹잇감 그 자체였다. 드라마용으로 이 차를 선택한 이는 〈브레이킹 배드〉의 프로듀서이자 연출, 그리고 극본 작업에까지 참여한 빈스 길리건으로 알려져 있다. 그의 선택에는 그럴 만한 이유가 있다. 앞서 언급한 것처럼 아즈텍은 가장 못생긴 자동차 중 하나로 불린다. 당연히 시장에서도 예상 판매량을 크게 밑돌았고 실패한 자동차의 상징처럼 여겨졌다. 이런 아즈텍의 이미지는 월터 화이트의 상황과 잘 맞아 보인다. 그는 상당한 화학적 지식이 있는 교사이지만 수업은 지루하고 학생들에게 무시당한다. 경제적으로도 어려움을 겪으며 세차장 등에서 추가로 아르바이트를 해 돈을 벌어야 하는 처지이기도 하다. 가정적이고 모범적인 시민이지만 무기력한 벼랑 끝 가장을 묘사하는 데 아즈텍이 잘 어울린다고 판단한 것이다.

이후 드라마틱하게 상황이 바뀐 월터는 아즈텍을 내버리듯 팔고 크라이슬러 300 SRT8을 선택한다. 아즈텍이 무기력하고 어두운 미래를 짊어진 월터 화이트를 상징했다면, 새로 선택한 크라이슬러 300 SRT8은 마약 제조업자 하이젠버그로서의 권위와 범죄 조직 속으로 빠져 들어가는 위험한 삶을 상징한다고 할 수 있다.

드라마의 엄청난 인기 덕에 아즈텍도 일종의 '컬트적 인기'를 얻었다. 드라마에 열광한 젊은 층을 중심으로 아즈텍을 찾는 고객이 늘었고, 한때이긴 했지만 미국 중고차 시장에서 이 차를 구하는 것이 쉽지 않았다. 차는 못생겼지만 실용성은 인정받아 출시 때 구입했거나 드라마 영향으로 아즈텍을 산 사람들은 꽤 만족하는 것으로 조사됐다. 하지만 디자인으로 인해 형성된 아즈텍 비판 분위기는 천하의 〈브레이킹 배드〉도 어쩌지 못했다. 드라마 방영 이후에도 아즈텍은 여전히 못생긴 차 순위 최상단에 이름이 올라 있으며 조롱 섞인 이들의 평가를 피하지 못하고 있다. 도대체 누가, 왜 이런 차를 만든 걸까?

:

제너럴 모터스 산하 자동차 회사들은 대체적으로 평범한 스타일의 차들을 내놓고 있었다. 밋밋한 디자인 정책에 비판이 따르자 위기감을 느낀 경영진은 혁신적 설계의 자동차 만들기를 목표로 내걸었다. 그렇게 준비된 것이 폰티악의 아즈텍이었다. 아즈텍의 핵심 고객층은 야외 활동을 즐기는 젊은이들로 설정했고 그들이 만족할 만한 성능과 스타일의 역동적인 SUV를 만들겠다고 의지를 불태웠다. 하지만 시작과 동시에 디자인은 산으로 가기 시작했다.

이 차의 가장 신랄한 비판자 중 한 명이었던 밥 루츠Bob Lutz는 1963년 제너럴 모터스 유럽 지사에 몸담으며 GM과 연을 맺은 인물로, 그 후 BMW, 포드, 그리고 크라이슬러 등에서 다수의 모델 개발 과정에 참여했다. 그리고 업계를 잠시 떠났던 그는 2002년 GM 회장인 릭 왜거너Rick Wagoner의 요청으로 제네럴 모터스 부회장 자리로 복귀했다. 밥 루츠는 2014년 자동차 전문 잡지《카 앤드 드라이브》와의 인터뷰에서 자신의 복귀는 아즈텍 덕분이었다고 밝혔다. GM 복귀 전 아즈텍 시판 모델을 보고 밥 루츠는 "화가 잔뜩 난 부엌 기구 같다"는 혹평을 했고, 마침 쏟아지는 비판과 기대에 못 미치는 판매 실적에 실망하고 있던 릭 왜거너 회장은 밥 루츠와 아즈텍 관련 얘기를 나누게 된다. 그의 비판을 경청한 회장은 밥 루츠가 회사 문제와 분위기를 바꾸는 데 도움이 될 것이라고 판단했다.

복귀 후 밥 루츠는 아즈텍 제작 과정을 복기했던 것으로 보인다. 그에 따르면 콘셉트 모델은 판매형보다 훨씬 날렵했다. 차체 비율도 나쁘지 않았지만 어떠한 이유에서인지 SUV용 플랫폼이 아닌 미니밴 플랫폼에서 아즈텍을 만들도록 방침이 바뀌었다. 결국 차체 비율이 안 맞는 등 스타일을 콘셉트 카처럼 유지할 수 없었다.(자동차 플랫폼은 여러 모델을 생산할 때 함께 쓰는 공통된 구조, 생산 시스템을 말한다. 비유하자면 운동화를 만들라고 했더니 정장용 구두 만드는 곳에서 신발을 찍어낸 것이다. 제대로 된 운동화가 나오는 게 이상한 일이다.)

당시 아즈텍 디자인을 담당한 디자이너 톰 피터스Tom Peters 역시 《카 앤드 드라이브》에서 같은 문제를 언급했다. 그런데 이런 문제를 알고도 누구 하나 지적하는 사람이 없었다. 왜냐하면 이견을 용납하지 않았기 때문이다. 밥 루츠에 따르면 당시 제품 개발 책임자는 반론을 용납하지 않는, 밀어붙이기식의 고전적 스타일의 인물이었다. 아즈텍은 세상을 깜짝 놀라게 할 모델이고, 그러니 이 차에 대한 부정적 얘기는 필요 없다. 혹시라도 안 좋은 생각을 가진 사람이 있다면 팀에서 나가라는 식으로 책임자가 이야기를 하는데 누가 다른 목소리를 낼 수 있었을까?

아즈텍을 제대로 만들 수 있는 기회는 한 번 더 있었다. 제작 초기 단계에서 시장 조사를 했는데 최하 평가를 받았다. 조사에 참여한 사람들은 "이 차를 정말 만들 거냐?"고 되물으며 공짜로 준다고 해도 안 가지겠다고 답했다는 것이 밥 루츠의 얘기였다. 하지만 경영진은 결과를 무시했다. 이때라도 깨닫고 제대로 만들었다면 '최악의 실패작 중 하나'라는 소리는 듣지 않았을 것이다.

밥 루츠가 2014년 《카 앤드 드라이브》 인터뷰에서 한 얘기는 새겨들을 만하다.

"업계에는 아직도 '자동차에는 이미지가 있다'는 걸 이해하지 못하는 이들이 많습니다. 그들에게 자동차란 그저 여러 속성의 집합일 뿐이에요. 우리 차의 속성이 경쟁사보다 좋으면 우리가 이긴다는 거죠. 이건 철저히 공학적인 사고방식입니다."

밥 루츠의 이 말에 몇 년 전 들은 얘기가 떠올랐다. 모 자동차 회사에서 특정 모델을 타깃으로 한 자동차 개발이 한창 진행 중이었는데, 한 고위 임원이 서류상 스펙을 보고는 우리 차가 더 나은데 이 정도면 되지 않았냐는 식으로 되물었다는 것이다. 단순히 실내가 얼마나 넓고 엔진 출력이 얼마나 더 나오는지, 서류에 적혀 있는 숫자만으로 차를 평가하는 분위기가 있다는 것이었다.

아즈텍은 최고의 인재들이 모였다고 해서 좋은 결과물이 보장되는 것이 아님을 상징적으로 보여준다. 권위적인 회사 분위기와 시스템을 무시하는 태도, 그리고 일관되지 못한 방향성 등으로 결국 차를 산으로 가게 만들었다. 자동차는 공학의 산물임과 동시에 사람들이 살면서, 생활하며 이용하는 문화적 경험의 일부다. 따라서 자동차를 단순히 숫자와 데이터로만, 속성의 결합체로만 보고 개발하면 안 된다. 서류로는 이해할 수 없는 사람의 감정, 기억, 이야기에 어떻게 다가가야 하는지까지 고민할 수 있어야 한다.

   그런 면에서 아즈텍은 실패작이지만 동시에 특별하다고 할 수 있다. 시장에서는 외면받았지만 드라마 〈브레이킹 배드〉 속 평범한 가장의 무기력과 절망을 상징하며 하나의 문화적 아이콘처럼 비쳤기 때문이다. 못생긴 자동차라는 평가에서는 영원히 벗어나지 못하겠지만 그렇기에 더욱 강렬하게 기억될 차가 됐다. 어쨌든 아즈텍은 자동차를 만드는 이들이 오래도록 되새겨야 할 타산지석의 예다. 그리고 잘못된 조직의 분위기로 인해 어떤 결과물이 나올 수 있는지를 잘 보여주는 확실한 자극제이기도 하다.

1,900억 원짜리 자동차
: 롤렉하우트 쿠퍼

디자인과 사람들

1955년 6월 11일, 프랑스의 라 사르트 서킷에는 르망 24시 내구 레이스를 보기 위해 30만 명이 몰렸다. 역대급 인파였다. 당시 르망 내구 레이스는 F1을 능가할 정도로 인기가 높았고, 공공 도로를 달리는 특성상 누구나 서킷 가까이서 대회를 즐길 수 있었다. 하지만 이 축제의 날은 자동차 레이싱 역사상 가장 끔찍하고 비극적인 날이 되고 말았다.

경주가 시작된 지 약 네 시간이 지난 초저녁 무렵, 메르세데스 300 SLR을 운전하던 드라이버 피에르 르베그Pierre Levegh는 시속 200km로 질주하던 중 경로를 이탈한 앞선 경주차에 대응하지 못하고 충돌하고 만다. 300 SLR은 공중으로 날아 관중을 덮쳤다. 그 사고로 드라이버 피에르 르베그를 포함해 80명 이상이 숨지고, 180명의 부상자가 발생했다. 그런데 놀랍게도 레이스는 우승 팀이 나올 때까지 계속되었다. 자동차 경주 대회 역사상 가장 많은 사상자가 발생했음에도 말이다.

사고를 일으킨 메르세데스 벤츠 팀은 더는 경기를 진행할 수 없다고 판단했고, 철수를 결정했다. 이 사고로 이후 열릴 예정이었던 자동차 경주 대회는 줄줄이 취소되었고, 유럽 곳곳에서 오랫동안 각종 자동차 대회가 금지되었다. 메르세데스 벤츠 또한 사고 직후 모든 모터스포츠 활동을 중단한다는 내용을 발표했는데 이 결정은 30여 년간 이어졌다.

⋮

메르세데스 벤츠는 2차 세계대전이 끝난 후 그간 이뤄놓은 모터스포츠에서의 업적과 명성을 이어가려는 의지를 분명히 했다. 비단 그들만이 아니었다. 1950년대는 자동차 경주 대회의 부흥기였고, 레이싱 팀을 운영하고 있던 자동차 회사들의 투자 열기가 뜨거웠던 시기였다.

당시 벤츠 경주용 자동차 개발은 루돌프 울렌하우트Rudolf Uhlenhaut의 손에서 빚어지고 있었다. 뛰어난 엔지니어이자 테스트 드라이버였던 그의 지휘 아래 착실히 여러 대회용 머신이 만들어졌다. 그런데 어느 날 프랑스에서 비극적 소식이 날아들고, 레이싱 카 개발 계획은 모두 중단됐다. 그 무렵 루돌프 울렌하우트는 막 개발을 마친 레이싱 카 두 대를 실제 도로에서 시험하고 있었다. 그가 애착을 가지고 테스트를 진행하던 모델은 공교롭게도 르망에서 사고가 난 300 SLR과 동일한 설계로 만들어진 것이었다. 사람들은 빛을 보지 못한 채

퇴장하고 만 이 두 대의 자동차를 300 SLR 울렌하우트 쿠페라고 불렀다.

갈 곳 없는 신세가 된 300 SLR 울렌하우트 쿠페는 각각 박물관과 회사 창고로 보내졌다. 그렇게 조용히 사라지는 줄 알았던 울렌하우트 쿠페가 갑자기 세상 밖으로 나온 것은 2022년이었다. 자동차 역사상 최고의 경매가에 팔렸다는 소식이 언론들을 통해 세계로 전해졌다.

사람들이 경매 소식에 놀란 이유는 단호했던 메르세데스 벤츠의 태도 변화와 그 변화가 만들어낸 가격 때문이었다. 오래전부터 울렌하우트 쿠페를 원하는 이들이 있었다. 얼마의 돈이 들든 이 차를 꼭 손에 넣고 싶어 하는 엄청난 부자들이었다. 하지만 벤츠는 그때마다 제안을 거절했다. 모두가 불가능한 거래라고 생각하던 어느 날, 예상을 깨고 거래가 이뤄졌다. 그것도 1억 3,500만 유로라는 충격적인 낙찰가에. 구매 당시 환율을 기준으로 하면 우리 돈으로 약 1,850억 원이었다.

도대체 자동차 한 대 거래에 2천억 원 가까운 금액이 움직인다는 게 말이 되는 일인가 싶었다. 이 차의 거래액을 순수 미술품 경매가와 비교해보면 좀 더 이해하기 쉽다. 2006년 네덜란드 화가 빌럼 더 코닝의 연작 중 하나인 〈여인 III〉가 크리스티 경매에서 1억 3,750만 달러에 낙찰되었다. 이는 2025년 기준 역대 미술품 거래가 6위에 해당한다. 르네 마그리트의

〈빛의 제국〉이 그 뒤를 이었는데, 2024년 거래 당시 최종 낙찰가는 1억 2,120만 달러였다. 미술품 경매가 기준으로도 울렌하우트 쿠페의 거래는 역대 7위에 해당한다. 사실 300 SLR 울렌하우트 쿠페가 자동차 경매 역사를 새롭게 쓰기 전까지 이 구역 최고의 타이틀은 페라리의 것이었다. 페라리의 경매가를 페라리가 깨는 형태가 계속될 정도로 클래식 자동차 경매 시장의 지배자로 활약했다. 하지만 2022년과 2025년 메르세데스 벤츠의 클래식 자동차들 거래 금액이 페라리의 수준을 뛰어넘으며 자동차 경매 시장의 새로운 강자가 되었다.

그렇다면 이런 자동차 경매는 언제 시작되었을까? 1900년대 초 미국에서 자동차 회사들이 오랜 재고를 딜러에게 저렴하게 넘기기 위해 그들끼리 거래한 것을 자동차 경매의 시초로 본다. 그러다 1930년대에 들어서며 일반인들도 자동차 경매에 참여하게 되면서 경매 시장이 본격화됐다.

자동차 경매 시장은 본래 상업적 도매 경매가 주류지만, 극히 일부에 불과한 클래식 카 거래가 시장을 상징적으로 대표한다. 울렌하우트 쿠페는 이런 상징성의 최정점에 놓이게 된 것이다. 일종의 틈새시장 수준인 클래식 카 경매가 유독 사람들에게 화제가 되는 데는 이유가 있다. 적게는 수억 원에서 많게는 수백억 원에 이르는 경매가는 마치 다른 세상 얘기를 보는 것 같다. 거래 금액 자체가 화제가 된다.

자동차 경매가 상위 10개 모델 (2025년 기준)

1. 1955년형 메르세데스 벤츠 300 SLR 울렌하우트 쿠페
   $ 143,000,000 (2022년, RM 소더비)

2. 1954년형 메르세데스 벤츠 W196R 스트림라이너
   $ 53,917,370 (2025년, RM 소더비)

3. 1962년형 페라리 330 LM/250 GTO
   $ 51,705,000 (2023년, RM 소더비)

4. 1962년형 페라리 250 GTO
   $ 48,405,000 (2018년, RM 소더비)

5. 1964년형 페라리 250 LM
   $ 36,344,960 (2025년, RM 소더비)

6. 1957년형 페라리 335 S
   $ 35,700,000 (2016년, 아르퀴리알)

7. 1967년형 페라리 412 P
   $ 30,300,000 (2023년, 본햄스)

8. 1954년형 메르세데스 벤츠 W196
   $ 29,700,000 (2013년, 본햄스)

9. 1956년형 페라리 290 MM
   $ 28,050,000 (2015년, RM 소더비)

10. 1967년형 페라리 275 GTB/4 NART 스파이더
    $ 27,500,000 (2013년, RM 소더비)

또한 클래식 카 거래는 특별한 이야기를 동반한다. 300 SLR 울렌하우트 쿠페와 같은 사연이 담긴 자동차를 거래한다는 것은 그 자체로 자동차 팬들에게는 큰 뉴스거리다. 이런 거래는 역사성과 희소성이 빚어낸 판타지가 된다. 엄청난 액수가 오가기 때문에 클래식 카 거래는 그 자체로 소비의 극단적인 사례이기도 하다. 과시적인 거래 과정을 통해 경매 참여자는 자신의 사회적 지위를 드러내거나 대중의 관심을 받으며 만족을 느끼고, 희귀한 자동차를 내 것으로 만들 수 있다는 소유욕 또한 충족된다. 물론 단순한 소유욕으로 수십, 수백억 원을 지르지는 않겠지만 말이다.

클래식 카는 미술품 거래처럼 투자 자산으로서의 가치도 지닌다. 페라리 250 GTO 같은 모델이 이를 잘 보여준다. 1962년부터 1964년까지 단 36대만 제작된 이 경주용 모델은 각종 대회에서의 우승 경력과 뛰어난 성능, 그리고 역사적 의미와 훌륭한 보존 상태 덕분에 시간이 지날수록 가격이 상승했고, 오늘날에도 여전히 높은 가치를 인정받고 있다. 페라리 250 GTO는 손에 넣을 수만 있다면 얼마가 됐든 사야 한다. 왜냐하면 계속 가격이 오르기 때문이다. 2008년 금융 위기 이후 주식이나 채권 외에 안전한 자산을 찾는 자본가들에게 클래식 자동차는 좋은 대체 자산 모델로 인식되었고, 이때부터 클래식 자동차 거래가는 상상을 초월하는 단계로 올라

섰다.

:

그런데 300 SLR 울렌하우트 쿠페의 거래는 앞서 설명한 클래식 자동차 경매의 공식이 거부된 사건이라 할 수 있다. 일단 이 차의 새로운 주인이 누구인지 지금까지도 밝혀지지 않고 있다. 거래 당시 경매는 메르세데스 벤츠 박물관에서 비공개로 진행됐으며, 사전 작업을 통해 최소한의 콜렉터만 참여하는 등 은밀하게 진행됐다. 많은 사람이 이 익명의 입찰자가 누구인지 추측하고 알아내고자 했지만 현재까지 모두 실패했다. 따라서 자신의 재력, 자신의 능력을 과시하기 위해 경매에 참여했을 것이라는 의도는 철저하게 지켜진 익명성으로 인해 배제됐다. 그렇다면 경제적 이익을 고려한 걸까? 투자 목적으로 이 차를 구입했다고 보는 것 또한 어렵다. 왜냐하면 1,850억 원이라는 경매가를 뛰어넘을 만한 거래가 일어날 가능성이 현실적으로 없기 때문이다. 그렇다면 이 기이한 거래는 왜 일어난 것일까?

우선 메르세데스 벤츠 자동차에 대한 오랜 관심의 결과라고 추측해볼 수 있다. 특정 브랜드와 얽힌 개인의 추억이 있든, 아니면 특정 브랜드에 대한 절대적인 애정의 결과이든, 메르세데스 벤츠라는 브랜드나 해당 브랜드의 모터스포츠 역사에 대한 애정으로 인해 이런 경매가 가능했을 수 있다.

또 한 가지 추측은 해당 거래가 300 SLR 울렌하우트 쿠페의 비극적 서사에 빠져 그 가치를 소유하고 싶다는 욕망의 결과일 수 있다는 점이다. 단 두 대밖에 없는 자동차이자 최고의 엔지니어인 루돌프 울렌하우트에 의해 탄생하고, 그가 소유했지만 세상에 나올 수 없었던 역사를 개인화할 수 있다는 것은 충분히 매력적이다. 하지만 익명의 낙찰자는 이 차를 자기만족을 위한, 자기만의 소유물로 여기진 않은 것으로 보인다.

메르세데스 벤츠 측은 경매 전 두 가지 조건을 내걸었다. 첫 번째는 해당 경매를 통해 나온 수익은 모두 환경 및 탈탄소 분야 장학금 조성에 쓰기로 한다는 것이었고, 두 번째는 구매자가 해당 자동차를 특별 전시회 등을 통해 일반에 공개할 수 있어야 한다는 것이었다. 이런 사실을 보면 300 SLR 울렌하우트 쿠페를 개인적인 수집품으로만 여기는 것이 아니라, 문화적 자산을 지키고자 하는 공공성 역시도 거래에 어느 정도 담겨 있는 것이 아닌가 생각된다. 아무리 생각해도 이 경매는 '자기 과시'보다는 '자기 꿈의 구현'으로 보인다. 그 꿈을 이루기 위해 지불한 금액이 많이 상식적이지 않았을 뿐.

메르세데스 300 SLR 울렌하우트 쿠페의 경매는 경매사에 영원히 회자될 만한 사건이다. 누가, 왜 이 거래를 성사시켰는지는 여전히 베일에 가려져 있다. 과연 또 이와 비슷한 자동차 경매 역사가 쓰일 수 있을까? 울렌하우트 쿠페처럼 한 시대의 꿈과 비극, 그리고 욕망을 응축한 자동차가 발굴된다면 또 모를 일이긴 하지만 말이다.

루돌프 울렌하우트와 그의 차 300 SLR

자동차 역사를 바꾼 여성들
: 베르타 벤츠, 플로렌스 로런스, 마담 사라정

디자인과 사람들

2014년 1월, 미국의 자동차 지주 회사 제너럴 모터스는 새로운 CEO이자 회장으로 메리 배라Mary Barra를 선임했다. 50대 초반의 여성이 세계 최대 규모의 자동차 그룹 수장 자리에 오른 것으로, 업계 최초의 사건이었다. 1980년 18세의 나이에 인턴으로 입사한 메리 배라는 다양한 부서에서 경험을 쌓았고, 거의 모든 영역을 이해하고 있는 드문 전문 경영인이란 평가 속에 지금까지 GM을 이끌고 있다.

메리 배라의 출현은 남성이 주도권을 쥐고 있는 자동차 생태계를 생각하면 이례적인 일이었다. 그로부터 약 6개월 후, 이번에는 프랑스 자동차 회사 시트로엥 이사회가 린다 잭슨Linda Jackson을 CEO로 임명했다. 이후 그녀는 푸조 CEO로 자리를 옮겨 2025년 초까지 회사를 이끌었다. 그리고 스텔란티스 그룹은 2021년 크리스틴 퓨엘Christine Feuell을 자회사인 크라이슬러 CEO로 임명하며 다시 한번 여성 리더를 선택했다. 현재 많은 여성이 자동차 디자이너와 엔지니어, 그리고 임원으로 활약하고 있다. 그리고 좀처럼 허락되지 않을 것 같던 최고 경영자 자리에도 올랐다. 그러나 자동차 역사에서 여성들의 도전과 영향력은 결코 최근의 현상만은 아니다. 자동차 역사 초창기에도 놀라운 업적을 남긴 여성들이 있었다.

진정한 리더 베르타 벤츠

자동차 등장과 함께 가장 많이 언급된 여성이라고 하면 베르타 벤츠Bertha Benz를 꼽을 수 있다. 남편인 카를 벤츠는 세계 최초로 가솔린 자동차를 발명해 특허까지 얻었지만 사업화에는 재능이 없는 것처럼 보였다. 차가운 반응에 의기소침해 있던 남편을 더는 지켜볼 수 없었던 베르타 벤츠는 뜻밖의 결단을 했다. 두 아들(당시 15세와 13세)을 데리고 만하임에서 친정이 있던 포르츠하임까지 약 100km의 거리를 모터바겐을 직접 운전해 가기로 한 것이다. 지금처럼 도로가 잘 닦인 상황도 아니었고 긴 거리를 제대로 달려줄지도 알 수 없는, 모든 것이 불분명한 상황이었다.

출발 후 얼마 지나지 않아 문제가 드러났다. 먼저 연료가 금세 바닥을 보였다. 베르타 벤츠는 약국에서 페인트나 바니시의 용매로 쓰이는 리그로인을 구입해 연료로 사용했다. 첫 고비를 넘겼지만 그다음이 문제였다. 연료 파이프가 막힌 것이다. 당황할 법도 했지만 침착하게 가지고 있던 머리핀으로 막힌 구멍을 뚫었다. 고정이 안 돼 애를 먹이던 점화선은 스타킹 끈을 이용했고, 또 브레이크가 제 기능을 못하자 구두 수선공을 찾아가 브레이크 마찰면에 덧댈 수 있는 가죽을 만들어달라고 요청했다. 그녀는 단순히 운전대만 잡고 달린 것이 아니었다. 자동차 구조와 작동 원리를 정확하게 이해한 가운데 여러 문제를 해결했다.

그뿐만이 아니다. 2.5마력짜리 엔진이 들어간 남편의 자동차가 언덕을 오르는 데 힘들어하는 것을 확인하고는 저속 기어의 필요성을 언급했다. 이 덕에 카를 벤츠는 자동차 기어 시스템을 개선할 수 있었다. 100km 완주는 언론의 집중 조명을 받았고, 독자들은 경이로움과 함께 두려움 섞인 시선으로 새로운 발명품을 바라봤다. 홍보 효과는 확실했다. 기사가 나간 후 첫 주문이 들어왔다. 그녀의 과감하고 용기 있는 도전이 만든 성과였다. 이후 카를 벤츠의 자동차 사업은 본격적인 궤도에 올랐다.

베르타 벤츠를 '최초의 장거리 운전자'로만 기억하기에는 너무 아깝다. 그녀는 자동차 원리와 구조를 잘 알고 있는 뛰어난 테스트 드라이버이자 용감한 도전자였다. 그 공로는 2016년, 남편 카를 벤츠보다 42년 늦게 자동차 명예의 전당에 이름이 헌액되며 공식적으로 인정받았다.

결혼 전 그녀는 이미 카를 벤츠의 비전과 재능을 알아보고 결혼 지참금 일부를 사업에 보탰다. 당시 독일은 여성의 직접 투자가 어려운 때였다. 하지만 그녀는 자금 마련에 어려움을 겪던 예비 신랑을 위해 결단을 내렸다. 이런 이유로 일각에서는 그녀를 최초의 장거리 운전자, 최초의 투자자, 기술 공동 창업자, 그리고 최초의 자동차 마케터로 부르기도 한다.

카를 벤츠는 뛰어난 발명가였지만 베르타 벤츠 없이는 사업을 성공시키지 못했을 것이다. 그녀는 미래를 보는 안목이 있었고, 과감성과 전문성을 지니고 있었다. 그리고 어떻게 해야 사람들의 관심을 끌 수 있는지 또한 알고 있었다. 조직을 이끌 만한 덕목을 모두 갖춘 베르타 벤츠는 진정한 리더였다.

할리우드 스타가 만든 발명품

예상치 못한 곳에서 뜻하지 않은 이름을 발견할 때가 있다. 플로렌스 로런스Florence Lawrence가 그런 경우다. 1886년 캐나다에서 태어난 플로렌스 로런스는 300편이 넘는 영화에 출연한 할리우드 스타였으며, 1910년에 크레디트에 이름을 올린 최초의 배우가 됐다. 하지만 오늘날 그녀가 영화보다 자동차 역사에서 더 자주 언급되는 것은 그가 만든 발명품 때문이다.

배우로서 부유한 삶을 살던 플로렌스 로런스는 자동차가 대중화되기 전부터 차를 소유했다. 단순히 자동차를 수집만 한 것이 아니었다. 구조를 파악하고 문제가 생기면 직접 고치는 등, 차를 종합적으로 이해하려고 했던 진정한 마니아였다. 그런 그녀에게 한 가지 고민이 있었다. 당시에는 자동차에 방향 지시등이 없어 보행자와 차량 모두 사고 위험에 노출돼 있었다.

플로렌스 로런스는 1913년 '기계식 방향 지시봉'auto signaling arm이라는 장치를 고안했다. 조종석 내부 버튼을 누르면 깃발이 올라가 차의 주행 방향을 외부로 알리는 원리의 장치였다. 같은 해 'STOP'이라는 단어가 새겨진 후방 범퍼 장착형 브레이크등도 발명했다. 브레이크 페달을 밟을 때마다 스톱 표시가 자동으로 튀어나왔고, 뒤따르던 자동차들은 이를 통해 추돌을 피할 수 있었다. 그녀의 발명품은 아쉽게도 특허로 이어지진 못했다. 그러나 그녀가 구체화한 개념은 결국 세상으로 나왔고, 우리가 당연하게 여기는 자동차 표준 기능이 됐다.

GM 산하의 뷰익은 모든 차량에 전기적 방향 지시등을 표준으로 채택한다. 1939년의 일이다. 브레이크등 또한 계속 개량되고 발전되었고, 1930년대에 이르러 전기 시스템에 의한 브레이크등이 대중 모델들에 본격적으로 장착됐다. 그러나 불행히도 플로렌스 로런스의 삶은 발명만큼 빛나지 않았다. 어느 날 스튜디오에 화재 사고가 났고, 동료 배우를 구하려 불길 속으로 뛰어들었다가 심한 화상을 입었다. 더는 배우의 길을 갈 수 없게 되면서 그녀는 깊은 우울감에 빠졌다.

1938년, 플로렌스 로런스는 52세의 나이에 스스로 목숨을 끊어 생을 마감했다. 죽기 전 그녀의 삶은 빈곤했고 외로웠다. 그러나 플로렌스 로런스는 불길 속으로 뛰어들어 동료를 구할 만큼 용감한 여성이었다. 자동차를 잘 이해하고 발전을 위해 노력과 열정을 바친 훌륭한 발명가이기도 했다. 그녀는 그렇게 기억돼야 한다.

⋮

자동차 기술 발전에 기여한 여성은 이들만이 아니었다. 자동차 와이퍼를 최초로 만든 메리 앤더슨Mary Anderson과 전동식 와이퍼의 선구자 샬럿 브리지우드Charlotte Bridgwood도 빼놓을 수 없다. 메리 앤더슨은 뉴욕 거리에서 쌓이는 눈으로 당황해하는 어느 운전자의 모습을 봤다. 그때부터 왜 창문을 닦는 장치가 없는 것인지 의문을 가지고 고민하기 시작했다. 그녀는 수개월의 연구 끝에 1903년, 자동차 내부에서 제어할 수 있는 기계식 와이퍼를 발명했다. 그리고 미국 내 특허까지 획득하는 데 성공한다. 하지만 그녀의 기술은 자동차 제조사와 투자자들로부터 외면당했다. 여러 곳에 투자 요청을 했지만 사업성이 없다는 이유로 모두 거절되었고, 그녀는 자신의 기술이 가망이 없다고 판단해 특허 기간 갱신을 포기했다.

특허 만료만을 기다렸던 것일까? 1922년 GM 산하 럭셔리 브랜드 캐딜락은 모든 생산 모델의 앞 유리에 와이퍼를 장착

했다. 17년짜리 특허 기간이 끝난 지 2년이 채 안 된 때의 일이었다. 메리 앤더슨 얘기를 보며 어느 중소기업이 만든 기술을 탈취하는 대기업 관련 뉴스가 오버랩됐다.

자동차 와이퍼 개발 이야기는 최초의 전동식 와이퍼를 만든 샬럿 브리지우드로 이어진다. 수동식 와이퍼를 개선하려는 여러 노력이 있었지만 가장 효과적인 것은 샬럿 브리지우드의 것이었다. 1917년, 그녀는 최초의 전동식 와이퍼를 만들었다. 하지만 메리 앤더슨의 기계식 와이퍼가 그랬듯 샬럿 브리지우드의 전동식 와이퍼 역시 상업화에 성공하지 못했다. 자동차나 기계 제작과 관련해 정식 교육을 받은 바 없는 두 여성이었지만 더 안전한 도로 환경을 만들겠다는 마음만은 그 어떤 전문가 못지않았다.

전동식 자동차 와이퍼를 최초로 만든 샬럿 브리지우드와 함께 앞서 소개한 플로렌스 로런스가 엄마와 딸 사이였다는 점도 이 발명 이야기를 특별하게 만든다. 자동차 역사 전문가 존 하이트만은 자신의 저서 『자동차와 미국인의 삶』(The Automobile and American Life)을 통해 플로렌스 로런스에 대해 이렇게 말했다.

"우리는 항상 자동차를 남성적인 대상으로 보지만 사실 여성들은 자동차에 적극적인 역할을 했습니다. 플로렌스 로런스가 돋보이는 지점이 바로 여기입니다."

마담 사라쟁

루이즈 사라쟁, 또는 루이즈 사라쟁 르바소Louise Sarazin Levassor로 불리는 이 여성은 프랑스 자동차 산업의 선구적 사업가다. 그러나 나에게 그녀는 단순한 기업가 이상의 의미이다.

1886년 독일에서 카를 벤츠와 고틀리프 다임러Gottlieb Daimler가 자동차와 관련한 특허를 내며 경쟁하던 시기, 프랑스 기술 특허 변호사 에두아르 사라쟁Edouard Sarazin은 다임러사의 엔진이 들어간 자동차를 판매하고 싶다는 뜻을 전했다. 다임러 측의 긍정적 답변을 듣고 행복한 미래를 꿈꾸던 그는 그러나 1887년 크리스마스를 하루 앞두고 신장 문제로 세상을 떠나고 만다.

에두아르 사라쟁은 죽기 전 아내에게 두 가지를 당부했다. 하나는 당신과 우리 아이들의 미래를 위해 고틀리프 다임러와의 비즈니스 관계를 지금처럼 유지해달라는 것이었다. 그의 발명품은 신뢰할 수 있으며, 우리가 상상하기 어려울 정도의 미래를 만들어낼 것이라고 강조했다. 또 자동차 제작과 판매를 담당할 파나르&르바소사와의 관계를 유지해달라는 부탁도 잊지 않았다. 이제 사업의 성패는 루이즈 사라쟁에게 달려 있었다. 하지만 그녀는 3남매의 어머니이자 주부였다. 사업을 경험한 적도 없다. 하루아침에 자동차라는 새로운 비즈니스를 프랑스에서 성공시켜야 하는 입장에 놓이게 된 것이다. 남편을 떠나보내고 처음으로 한 일은 고틀리프 다임러에게 편지를 쓰는 것이었다. 내용은 이랬다.

"이제 프랑스를 위한 새 대리인을 찾으셔야겠지요. 하지만 지금까지 협상의 모든 내용을 저는 잘 알고 있습니다. 그러니 남편의 후임자가 나타날 때까지 저는 기꺼이 당신 일을 돕고 싶습니다."

고틀리프 다임러는 답했다.

"남편의 죽음에 깊은 애도를 표합니다. 그리고 사업에 있어 저는 급하게 파리의 새로운 후임자를 찾을 생각이 없습니다. 당신이 우리 사업 진행 과정을 잘 이해하고 있으며 또한 저를 돕고 싶다고 해주니 기쁩니다."

그녀는 1888년 독일 칸슈타트에서 고틀리프 다임러를 만났다. 그리고 이듬해 2월 남편이 그토록 바랐던 사업 계약서에 사인한다. 다임러와 계약했음에도 파나르 르바소 공동 대표 에밀 르바소Emile Levasso는 과연 마담 사라쟁이 이 복잡한 일을 끝까지 성공시킬 수 있을지 확신이 서지 않았다. 하지만 그녀의 신뢰와 열정에 감동했고 적극 협력하기로 마음을 다잡았다.

1889년 에펠탑이 완성된 그해에 열린 파리 만국박람회에서 다임러의 엔진이 대중에게 소개됐다. 이 과정에서 마담 사라쟁의 역할이 컸다. 프랑스 여러 회사가 다임러의 엔진 특허 라이선스 계약을 맺고 싶어 했지만 고틀리프 다임러는 그녀와의 약속을 끝까지 지켰다. 그렇게 고틀리프 다임러와의 계약을 성사시켰으며, 조심스러웠던 프랑스 파트너 파나르 르바소의 마음을 얻었고, 세계 박람회를 통해 사람들이 관심을 갖게 하는 데 성공하는 등, 마담 사라쟁은 생각 이상으로 일을 성공적으로 이끌었다.

당시 사회 분위기에서 여성이 거대한 사업을 주도하고 까다로운 사업 파트너들의 마음을 얻는 것은 결코 쉬운 일이 아니었다. 이 과정에서 새로운 사랑이 싹튼다. 루이즈 사라쟁과 에밀 르바소 사이에 남다른 감정이 생긴 건 두 번째 독일 방문 때인 것으로 보인다. 남편의 오랜 친구이자 사업 파트너였던 에밀 르바소였지만 어느새 그는 루이즈 사라쟁에게 함께 어려움을 극복하고 일을 만들어가는 의지할 수 있는 사람이 되어 있었다.

두 사람은 1890년 결혼한다. 에밀 르바소와 결혼한 그녀의 이름은 루이즈 사라쟁 르바소가 됐다. 첫 번째 남편의 성과 재혼한 남편의 성을 모두 이름에 넣은 것이다. 불가능한 건 아니지만 흔치 않은 일이었다. 아마도 루이즈 사라쟁 시절에 이뤄진 특허 라이선스 계약이나 파나르 르바소와의 지분을 유지하기 위해 고민 끝에 내린 결정이 아니었나 생각된다.

다임러와 함께한 파나르 르바소는 성공적인 길을 달려갔다. 특히 파나르 르바소의 자동차들은 자동차 경주 대회에서 큰 활약을 했는데 이는 사업에 엄청난 도움이 됐다. 차의 기술력이나 브랜드를 대중에게 알리기에 당시 기준에서 가장 효과적인 방법이 레이스 대회에서의 성적이었기 때문이다. 에밀 르바소는 박차를 가했다. 레이서이자 엔지니어였던 그는 직접 많은 자동차 경주에 나갔고 좋은 결과를 냈다. 하지만 1896년 경주 도중 개를 피하다 차에서 떨어지며 부상을 당했다. 충분히 쉬어야 했지만 일 욕심에 일찍 회사로 복귀했고, 이런 무리한 열정은 좋지 않은 결과로 이어졌다. 복귀 6개월 후 에밀 르바소는 뇌색전증으로 인해 자신의 꿈을 다 펼쳐보지 못한 채 1897년, 54세의 나이로 세상을 떠났다.

마담 사라쟁 르바소는 다시 혼자가 됐다. 하지만 그녀는 이미 자동차 업계에서 존중받는 사업가였다. 슬퍼할 겨를도 없이 파나르 르바소와 새롭게 지분을 나누고 회사 성공을 위해 더 힘을 냈다. 말년에는 법적 다툼 등으로 어려움도 겪었지만 그녀의 사업 의지는 꺾이지 않았다. 아들 중 한 명도 파나르 르바소의 이사회에 참여하는 등, 회사가 운명을 다하는 그날까지 그들은 함께했다.

:

루이즈 사라쟁 르바소는 프랑스 자동차 산업의 기틀을 다진 선구적 여성 사업가였다. 그녀가 일군 파나르 르바소는 다임러 엔진을 통해 수준 높은 차를 만들 수 있었고, 생산과 판매,

그리고 자동차 경주 대회 참여 등을 통해 최초의 현대적 자동차 제조사가 되었다. 그녀가 있었기에 가능한 시나리오였다.

내가 루이즈 사라쟁 르바소에게 관심을 가졌던 것은 그녀가 프랑스 자동차 산업의 성공적인 여성 사업가였기 때문만은 아니다. 두 명의 남편과 모두 사별해야 했던 비극적 삶 속에서, 평범한 주부이자 아이들의 어머니였던 그가 어떻게 역경을 이겨내고 성공에 이르렀는지에 대한 연민과 찬사 때문이었다. 때로는 상실이라는 것이 한 사람 안에 숨겨진 자신도 몰랐던 가능성을 일깨우기도 한다는 것을 루이즈 사라쟁 르바소의 삶은 말해주고 있다.

아우토반 도파민
: 꿈의 공간을 달리다

디자인과 사람들

　　　　　　　　　　　　나는 조심스럽게 운전하는 타입이다. 면허 취득 때부터 속도보다는 안전한 이동이 최우선 목표였기에 제한 속도도 잘 지켰고 어린이 보호 구역을 통과할 때는 더 느리게, 더 신경 써서 운전했다. 그 덕에 뒤차들로부터 쏟아지는 경적 소리와 싸늘한 시선을 자주 경험해야 했다. 그런 내가 아우토반Autobahn을 달리게 됐다.

자동차 도로라는 단순한 이름의 이 독일 고속도로는 운전을 좋아하는 이들에게 꿈의 공간이다. 공공 도로에서 속도 제한 없이 빠르게 차를 운전할 수 있는 곳은 사실상 이곳이 유일하다. 전체 약 13,000km 구간 중 70퍼센트가 무제한 속도 구간이다. 물론 공사 현장이나 도로 상황이 안 좋은 곳에서는 임시로 속도 제한이 이뤄지기도 하지만 말 그대로 임시일 뿐이다. 그래도 권고되는 최고 속도는 있다. 시속 130km. 하지만 이를 지키는 사람은 많지 않다. 2인승 스마트 포투가 쥐어짜듯 자기가 낼 수 있는 최고 속도로 달리는 것을 봤고, 벤틀리 컨버터블을 몰고 추월 차로를 200km/h 이상으로 날아가는 여성 운전자도 봤다.

평범한 사람을 한순간 레이서로 변신시키는 곳. 그래서일까? 독일인들은 아우토반을 자유의 공간이라 부른다. 공교롭게도 내가 독일에서 처음 운전한 아우토반은 A5였다. 히틀러 정권 시절인 1935년에 만들어진 곳으로, 나치는 프랑크푸르트와 다름슈타트 구간에 지은 이곳을 최초의 고속도로라며 자랑했다. 하지만 이미 이탈리아와 바이마르 공화국 시절에 아우토반과 비슷한 개념의 자동차 전용도로가 있었기에 엄밀하게는 나치가 최초의 고속도로를 만들었다고 볼 수 없다. 삽을 들고 요란스레 홍보 사진을 찍는 등 히틀러가 전력을 다했던 곳을 달린다고 하니 묘한 기분이 들었다. 게다가 이 구간은 비극적인 사고가 일어난 곳이기도 했다.

:

히틀러 정권의 전폭적 지원 아래 각종 레이스 대회에 출전하며 성과를 내던 메르세데스 벤츠와 아우토 우니온(아우디의 전신)은 A5 아우토반에서 상상 이상의 속도 경쟁을 벌인 적이 있다. 1938년 1월 두 경쟁사는 최고의 레이서들을 데리고 기록에 도전했다. 먼저 달린 것은 메르세데스 벤츠의 루돌프 카라치올라Rudolf Caracciola였다. '빗길의 제왕'이라는 별명을 가진 이 레이서는 시속 432.7km라는 새로운 기록을 세웠다. 이번에는 기존 기록 보유자였던 아우토 우니온의 베른트 로제

마이어Bernd Rosemeyer의 차례. 마지막 세 번째 시도에서 그는 경쟁자보다 0.2초 앞서 있었다.

그런데 도로 측면 숲에서 갑자기 강풍이 불었다. 차는 중심을 잃었고, 도로 밖으로 튕겨나가 교각과 부딪혔다. 이 사고로 베른트 로제마이어는 스물여덟이라는 젊은 나이로 목숨을 잃었다. 그는 아리아인의 혈통 우수성을 홍보했던 나치 정권 홍보 대사이자 국민적 스타였다. 잘생긴 금발의 이십 대 청년에 독일이 열광했다. 그랬기에 그의 죽음은 더 큰 충격이었다. 히틀러 또한 위대한 전사를 잃었다며 애도했다. 사고가 난 아우토반 근처에 그를 기념하는 작은 비석이 세워졌다. 하지만 그의 이름은 지워진 지 오래다. 히틀러와 로제마이어의 이야기가 담긴 A5에서의 나의 첫 주행은 다행히 별 문제 없이 끝났다.

시간이 꽤 지난 후 다시 같은 아우토반 위에 섰다. 폭스바겐 파사트 신형을 시승하기 위해서였다. 가속페달을 있는 힘껏 밟자 속도계는 시속 220km 가까이 치솟았다. 공공 도로에서 경험할 수 있는 합법적 과속의 순간이었다. 안전 운전이 최우선이던 어느 한국인의 모습은 사라진 지 오래였다. 그 자리는 도파민으로 가득했다. '이 맛에 사람들이 아우토반을 질주하는구나' 싶었다. 자동차 운전이 단순한 기계적 행위가 아님을 이해하기 시작한 것은 이때부터였다.

⋮

드라이빙은 도파민, 아드레날린, 코르티솔 등이 쉼 없이 분비되고 사라지는 과정의 연속인 생리적 드라마 같다. 시동을 걸면 불안과 흥분이 동시에 일어난다. 심장이 두근거리고 혈압이 상승하며 몸은 본능적으로 경계 태세에 돌입한다. 이때 분비되는 아드레날린은 주의력을 높이고 초보 운전자의 경우 그 반응은 훨씬 더 강렬해진다.

차가 아우토반에 진입하면 호흡이 빨라지고 동공이 커진다. 노르에피네프린이 분비되며 집중력과 반응 속도를 끌어올린다. 도파민도 함께 활성화되는데, 이는 도전과 성취에 대한 동기를 부여한다. 동시에 스트레스 호르몬인 코르티솔도 분비되며 긴장을 유지시킨다.

속도를 올려 고속 주행을 하게 되면 어떨까? 보상 회로가 자극되며 도파민이 더 활발하게 분비된다. 이때 느끼는 쾌감은 단순한 흥분이 아니다. 잘 달리고 있다는 성취감을 동반한다. 이런 경험은 운전에 몰입하게 만드는 중요 이유 중 하나다. 이렇듯 운전 중에 나의 몸, 아니 우리의 몸은 단계별로 분비되는 여러 신경 전달 물질로 인해 다양한 경험을 하게 된다. 도파민은 스피드를 즐길 때, 도전과 성취감을 느낄 때, 어려운 구간을 잘 빠져나오거나 했을 때 활성화되며 다시 속도를 내고 싶게 만든다. 운전에 중독되는, 아우토반을 질주하고 싶은 생각이 다시 드는 이유 중 하나다.

반대의 경우도 있다. 꽉 막힌 도로에서 더는 속도를 낼 수 없을 때다. 잘 달리고 싶은 욕구에 제동이 걸리면 우리 뇌는 불쾌함을 느낀다. 통제할 수 없는 상황이 되면 스트레스 호르몬인 코르티솔이 분비되며 이로 인해 짜증과 불안이 유발된다. 갑자기 차가 끼어들기라도 하면 통제감 상실에 따라 분노하게 되는데 이때 노르에피네프린이 분비되며 공격성이 커진다.

이때 우리 얼굴은 보기 흉해진다. 신경질적으로 경적을 울리고, 여기서 더 나아가면 '로드 레이지'로 연결된다. 순한 양의 얼굴을 한 아빠가 성난 늑대의 얼굴이 되는 것이다. 차가 막힘 없이 달린다는 것, 그리고 높은 속도로 질주한다는 것은 분명 우리에게 긍정적인 효과를 준다. 스트레스를 완화하고 쾌감과 성취감을 주며, 해방감을 느끼게 한다. 하지만 신체는 부담을 받는다. 속도를 올릴 때마다 혈압이 높아지는데 이것이 장기간 반복되면 심혈관계에 부담이 될 수 있다. 또 속도를 높일수록 뇌는 끊임없이 도로 상황을 빠르게 처리해야 하기 때문에 쉽게 피로해진다. 당연히 사고 위험도도 올라간다.

:

아우토반은 도파민 덩어리다. 독보적인 토목 공학 덕분에 시속 300km 이상의 질주가 가능하다. 빗물을 단숨에 흘려보내는 배수 시스템, 직선 구간에 완만한 곡선 구간을 잘 섞어 넣어 운전자의 졸음운전을 최소화하고, 경사도 역시 최소화해 운전의 피로를 줄였다. 무엇보다 이런 기술이 전 구간에 걸쳐 균일하게 적용되어 있다. 모든 것이 속도를 위한 설계였다. 그 공간을 이용하는 운전자들 역시 시계 부품이 맞물려 돌아가듯 규칙에 맞게 운전하며 무한 질주의 가치를 한 세기 가깝게 지켜내고 있다. 이런 도로에서 달리지 말라는 것은 허기져 있는 사람에게 최애 음식을 내주고 간만 보라고 하는 것과 다를 바 없다.

그러나 이렇게 칭찬거리밖에 없어 보이는 아우토반을 향한 독일 내 비판의 목소리가 커지고 있다. 이제 더는 무제한으로 달리게 해서는 안 된다고 주장하는 이들의 목소리다(실제로 아우토반을 이용하는 독일 운전자의 대부분은 130km/h 이하로 달린다) 환경 문제, 소음 문제, 사고 위험과 도로 보수에 따른 천문학적인 세금 투입 문제 등 여러 요인이 아우토반의 속도 제한과 관련돼 있다. 그리고 이는 합당한 문제 제기이기도 하다.

아우토반은 오랫동안 자유의 공간으로 불려왔다. 지금도 아름다운 독일 풍경 속으로 시원하게 내달리는 차들이 많다. 독일 자동차들이 기본기에 충실할 수 있었던 것은 아우토반 덕이기도 하다.

그러나 나는 언제부터인가 아우토반을 달릴 때 1차로 이용을 줄이게 됐다. 가속 페달을 꾹 밟고 빠르게 치고 나갔다가 제자리로 돌아올 때 느끼는 쾌감과 성취감에 취하지 않게 된 것이다. 그보다 더 중요한 것, 안전, 환경, 지속가능성 등 해결해야 할 문제가 많기 때문이다. 더 이상 아우토반뿐만 아니라 우리의 모든 도로가 도파민 공장이 되어선 안 된다. 운전하기 좋은 도로, 쾌적한 도로는 적절한 속도로 흐름이 유지되는 곳이며 또 사고 위험이 낮고 환경친화적인 곳이다. 우리의 도로는 그러한 방향으로 나아가야 한다. 아우토반은 속도에 눈을 뜨게 해준 자유의 공간이었지만 지금은 내게 책임의 공간이 되었다. 도로 위에 필요한 것은 속도가 아닌, 우리의 각성이다.

목록

유럽 여행 또 하나의 즐겨찾기 : 자동차 박물관

자동차 박물관은 단순히 오래된 자동차를 전시하는 공간이 아닌, 자동차를 매개로 지역의 역사와 문화, 예술적 감각을 종합적으로 체험할 수 있는 장소다. 유럽 여행에서 자동차 박물관을 찾는 것은 역사의 출발지로 유럽을 만난다는 의미는 물론, 각 박물관이 지닌 고유한 색깔과 다채로운 즐길 거리를 경험하는 일이 된다. 시대별, 브랜드별 디자인 변화나 기술 발전 과정을 한눈에 확인할 수 있으며, 영상이나 잡지로만 접할 법한 특별한 자동차의 실물을 눈앞에서 마주하는 찌릿한 경험도 할 수 있다. 아이들과 함께 찾는 가족 단위 방문객을 위한 다양한 프로그램도 마련돼 있으며, 주말에 박물관 주차장이나 앞마당에서 현지 클래식 카 동호회원들이 벌이는 이벤트 구경은 또 다른 즐거움이다.

 뛰어난 건축물로 화제인 박물관부터, 그 나라 사람들이 어떻게 살아왔는지 과거부터 현재까지의 생활상을 생동감 있게 살펴볼 수 있는 생활형 박물관까지 그 형태와 구성도 다양하다. 독일에서 찾은 캠핑카 박물관은 기대 이상의 재미에 시간 가는 줄 몰랐고, 유명 관광지 안에 조용히 숨겨져 있던 영국의 어느 자동차 박물관은 빈티지 소품으로 가득해 마치 판타지 영화 속 공간에 있는 듯한 착각을 주기도 했다.

더불어 양질의 콘텐츠 대비 입장료도 그리 비싸지 않으니 가성비를 따지는 여행객도 만족할 수 있다. 도시 안에 있거나 도시와 가까운 곳에 위치한 곳들이 많아 접근성이 좋고, 관광지와 연계된 곳들도 있어 효율적인 동선 짜기가 가능하다.

문제는 이런 자동차 박물관이 유럽 곳곳에 흩어져 있다는 것이다. 개인적으로 1년 여의 준비 끝에 탐방했던 서른 곳의 자동차 박물관은 선정하는 것만으로도 몇 개월이 걸렸는데 다시 거기서 한두 곳을 최종적으로 선택한다는 건 보통 고민되는 일이 아니다. 그래서 독일에 간다면, 프랑스에 간다면, 영국과 이탈리아에 간다면 적어도 이곳만큼은 꼭 여정에 포함시켰으면 하는 마음으로 국가별 한 곳씩 총 네 군데 자동차 박물관을 고심 끝에 골라봤다.

| 독일 | ↦ 메르세데스 벤츠 박물관 |

슈투트가르트 본사 옆에 위치한 메르세데스 벤츠 박물관은 삼각별의 역사를 보여줄 뿐 아니라 자동차 역사 전체를 대표한다는 자부심이 가득한 곳이다. 이런 분위기는 독특하고 거대한 박물관 건물에서부터 바로 느껴진다. 네덜란드 건축가 벤 판 베르컬이 인간 DNA에서 영감을 얻어 설계한 이중나선 구조는 끊임없는 진보와 역사적 연속성을 강조하고 있다. 9층 높이의 건물 안으로 들어서면 높게 뻥 뚫린 중앙 공간으로 인해 엄청난 개방감을 느낄 수 있다. 사람들은 엘리베이터를 타고 9층으로 올라가게 되는데, 문이 열리면 먼저 하얀색의 박제된 말 한 마리가 방문객을 맞는다. 아래 발판에는 '나는 말을 믿는다. 자동차는 지나가는 일시적 현상일 뿐이다'라는 빌헬름 2세의 발언이 새겨져 있다. 자동차가 초기에 생각만큼 환영받지 못했고, 이동 문화의 혁명적 변화를 쉽게 받아들이지 못했던 당시 분위기를 상징적으로 보여준다. '그럼에도 우리는 새로운 역사를 만들었다'는 삼각별의 자부심이 이러한 역설적 연출을 통해 잘 드러난다. 전시관은 나선형 경사로를 따라 한 층씩 내려오며 볼 수 있다.

시대별로 각 층을 나누었고, 메르세데스 벤츠를 대표했던 전설적 모델들을 시간 순서대로 만날 수 있도록 배치했다. 또 다른 경사로를 따라가면 '컬렉션' 전시실로 연결되는데, 여기서 독일인들이 어떻게 교통 및 자동차 문화를 발전시켜왔는지 함께 둘러볼 수 있어 레전드 전시실과는

또 다른 즐거움을 준다. 각 층마다 식수대를 설치한 것은
물론 이동이 편하도록 설계돼 있어 많은 방문객이 같은
공간에 있어도 그리 복잡하다는 느낌을 받지 않는다.
커피와 음료, 간단한 요리를 즐길 수 있는 음식점들이 있고,
지하 주차장과 연결된 기념품 코너 바로 옆에는 클래식
자동차를 판매하는 전문 영업점이 들어와 있다. 또 연결
통로를 따라가면 3층으로 된 거대한 메르세데스 벤츠
신차 매장도 둘러볼 수 있으니 빼놓지 말고 다 즐기기를
바란다. 자동차 강국 독일에는 메르세데스 벤츠 박물관
외에도 BMW, 아우디, 포르쉐, 폭스바겐 등 제조사들이
직접 운영하는 훌륭한 박물관들이 있으며, 개인 콜렉터나
단체들이 운영하는 박물관이 전국에 걸쳐 수십 곳이 있다.
모두 훌륭한 컬렉션을 가지고 있으며 모두 뛰어난 구성으로
관람객의 박수를 받는다. 하지만 그 모두를 둘러보는
것은 현실적으로 어렵기 때문에 독일에서 한 곳의 자동차
박물관만 둘러볼 수 있다면 그곳은 자동차의 출발지인
슈투트가르트의 메르세데스 벤츠 박물관이 되어도
좋겠다는 생각이다.

영국

↦ 브리티시 모터 박물관

브리티시 모터 박물관은 영국 자동차 역사를 한눈에 볼 수 있는 궁극의 무대다. 세계에서 가장 큰 영국 자동차 컬렉션을 소장하고 있어 배가 터질 정도로 영국산 클래식 카들을 즐길 수 있다. 다만 방문 경로가 조금 번거롭다. 렌터카 등을 이용하면 런던에서 채 두 시간이 안 되는 거리라 어렵지 않지만 대중교통을 이용한다면 조금 더 수고를 감수해야 한다. 하지만 이곳은 들이는 정성이 결코 아깝지 않다. 조용하고 넓은 평지에 자리한 두 동으로 된 박물관을 보고 있노라면 '왜 이 엄청난 것이 시골 같은 곳에 생뚱맞게 들어서 있지?'라는 의문을 가지게 된다. 그런데 오해였다.

박물관에서 도보로 10분 거리에 영국 자동차 브랜드 애스턴 마틴 본사와 공장이 있고, 박물관 바로 옆에는 재규어 랜드로버 그룹 연구 센터가 자리하고 있는데 무려 축구장 48개를 합친 크기다. 재규어 랜드로버 본사와 공장도 자동차로 30분 거리에 있으며, 우리에게 미니로 잘 알려진 오스틴과 모리스 모터스 출발지도 박물관 가까운 곳에 있다. 그뿐만이 아니다. 포드가 공장을 지었고, 롤스로이스가 첫 생산 거점을 두었던 더비와도 가깝다. 두 개의 재단에서 기증한 400대 이상의 영국산 자동차들이 이곳에 있으며, 문서와 사진까지 포함하면 100만 개 이상의 자료가 전시돼 있다. 크게 10여 개의 카테고리로 나뉜 전시실은 시대별, 콘셉트별, 브랜드별로 잘 정리돼 있어 내용을 이해하기도 쉽다. 이곳에서 볼 게 없다고 느끼면 어느 박물관도 만족할 수 없을 것이다. 메인 전시관 옆에 있는 별관도 흥미롭다. 전시 대기 중인 250대의 희귀 기증 영국 차들을 미리 볼 수 있고, 진행 중인 복원 작업을 누구나 관람할 수 있게 해놓았다. 특히 자원봉사자들이 들려주는 전시 차에 대한 흥미로운 이야기는 박물관이 죽은 공간이 아닌 살아 움직이는 공간으로서 역할을 하게 한다.

프랑스 ↦ 뮐루즈 국립 자동차 박물관

프랑스는 유럽 자동차 산업과 역사, 그리고 문화를 이야기할 때 빼놓을 수 없는 곳이다. 프랑스는 가장 적극적으로 자동차 기술과 문화를 발전시킨 나라였다. 자동차 경주 대회, 자동차 잡지와 전문지, 자동차 경진 대회 등 많은 '최초' 타이틀을 가진 곳이 프랑스다. 이런 나라를 대표하는 자동차 박물관이라고 하면 뮐루즈에 있는 국립 자동차 박물관일 것이다. 정식 명칭은 '도시의 자동차 국립 박물관 슐룸프 컬렉션'으로, 너무 긴 이름 탓에 흔히 뮐루즈 국립 자동차 박물관으로 부른다. 과거 섬유 공장 창고를 개조해 만든 박물관은 전시 면적 25,000m^{2}에 500대 이상의 클래식 카를 보유하고 있다. 규모와 수준 면에서 세계 최고다. 특히 자동차 수집가인 슐룸프 형제의 집착에 가까운 열정 때문에 이곳은 부가티의 클래식 카를 가장 많이 만날 수 있는 곳이 되었다. 그들이 부가티를 모으기 위해 들인 시간과 노력도 대단했는데, 한 번에 30대를 기차로 실어 나른 일화는 유명하다. 해당 박물관은 1982년에 '프랑스 국립 박물관'으로 지정되었고, 이때 컬렉션 전체가 프랑스 역사 기념물로 등록되며 영구적으로 이전할 수 없게 되었다. 워낙 전시 차량이 많아 제대로 보려면 족히 반나절은 투자해야 한다. 또 공간이 넓어 전시관 내에서 전기 꼬마 기차도 운영되고 있다. 부가티와 롤스로이스와 같은 잘 알려진 최고급 모델은 물론 처음 들어보는 브랜드의 클래식 카도 마음껏 감상할 수 있다. 경주용 자동차만 모아놓은 공간은 그 자체로 색다른 분위기가 있으며, 파나르 르바소, 드 디옹 부통과 같은 프랑스 초기 제조사들의 모델을 만나는 신선한 경험도 할 수 있다. 뮐루즈 국립 자동차 박물관은 어디서도 만나기 어려운 희귀 자동차로 가득하다. 왜 프랑스 정부가 이곳을 아끼는지 직접 와보면 알 수 있다. 컬렉션의 방대함과 독창성 면에서 이곳은 단연 최고의 자동차 박물관이다.

| 이탈리아 | ↦ 알파 로메오 박물관

이탈리아를 대표하는 자동차 브랜드라 하면 페라리나 람보르기니를 먼저 떠올리게 된다. 국민차 브랜드라 할 수 있는 피아트도 있다. 모두 멋진 자동차 박물관을 운영하고 있지만 개인적으로는 알파 로메오 박물관이 가장 기억에 남는다. 이탈리아 디자인 철학과 놀라운 레이싱 유산을 함께 만날 수 있다는 점에서 알파 로메오 박물관은 더 높게 평가받아야 하고 더 많은 사람이 찾아와야 할 곳이다. 우리나라에서는 웬만한 자동차 팬이 아니라면 알기 힘든 알파 로메오는 이탈리아뿐만 아니라 유럽 전역에서 사랑받는 프리미엄 브랜드다. 놀라운 레이싱 유전자 덕분에 지금까지도 경쾌한 주행감을 자랑하는 자동차를 만들고 있으며, 여기에 뛰어난 스타일까지 더해져 알파 로메오만의 독특한 감성이 만들어졌다. 이런 알파 로메오의 특징을 박물관은 명쾌하게 담아내고 있다. 특히 이탈리아를 대표하는 카로체리아(Carrozzeria)와 알파 로메오가 협업해 탄생시킨 콘셉트 카가 모여 있는 전시실은 다른 어떤 자동차 박물관에서도 경험할 수 없는 시각적 놀라움을 안겨준다. 카로체리아는 자동차 디자인과 차체 제작을 전문으로 하는 소규모 제작사들(공방)을 일컫는다. 현대 자동차의 포니를 디자인한 조르제토 주지아로가 설립한 이탈디자인, 또 람보르기니의 미우라와 쿤타치 등을 디자인한 마르첼로 간디니가 몸담았던 베르토네, 그리고 피닌파리나, 자가토 같은 곳들이 세계적으로 유명하다. 하지만 많은 유럽인이

이 박물관을 찾는 가장 큰 이유는 역시 레이싱 유산 때문이다. 세계 유명 모터스포츠 대회에서 승리한 전설의 레이싱 카를 한자리에서 만날 수 있고, 유명한 알파 로메오 출신 드라이버 엔초 페라리, 후안 마누엘 판히오 등의 흔적도 발견할 수 있다. 붉은색 레이싱 카들이 전시된 전시실이 주는 묘한 분위기는 오래도록 잔상을 남긴다. 브랜드의 독특한 디자인 철학, 엔지니어링의 우수성, 빛나는 레이싱 유산을 기념하고 이탈리아의 자동차 열정을 감각적으로 보여주는 데 있어 알파 로메오 박물관은 최적의 장소라 할 수 있다.

자동차 이름의 유래 : BMW부터 볼보까지

1886년 자동차가 발명된 이후 등장한 브랜드는 몇 개나 될까? 이를 정확히 알 수는 없다. 자동차 역사를 논할 때 가장 많이 참조되는 『미국 자동차 표준 카탈로그』(Standard Catalog of American Cars)에는 1805년부터 1942년 사이에 미국에서만 1,800여 개의 자동차 브랜드가 존재했다고 되어 있고, 스미스소니언 교통 역사 자료에도 20세기 초 미국 자동차 제조사 수가 1,500에서 2,000여 개에 달했다고 설명되어 있다. 미국 한 나라, 그것도 특정 기간에 한정했을 때도 이 정도인데 세상에 존재했던 모든 자동차 회사 이름을 어떻게 확인할 수 있을까. 이렇게 보면 오랜 역사 속에서 꾸준히 브랜드를 이어오고 있는 자동차 회사들이 새삼 대단해 보인다. 사람에게 이름이 갖는 의미가 크듯, 자동차 회사 브랜드 또한 그럴 것이다. 그렇다면 지금까지 잘 버티며 자신들의 역사를 이어오고 있는 자동차 브랜드들은 언제, 어떻게 만들어졌을까?

↦   알파 로메오(Alfa Romeo)

뛰어난 스타일과 성능의 자동차를 생산하는 알파 로메오는 1910년 이탈리아 롬바르디아의 주도 밀라노에서 알파(A.L.F.A)라는 이름으로 출발했다. 여기서 알파는 Anonima Lombarda Fabbrica Automobili'(롬바르디아 주식자동차 공장)의 약자이다. 알파는 다시 1915년 니콜라 로메오에게 인수된다. 니콜라 로메오는 자신의 성과 알파를 합쳐 알파 로메오로 회사 이름을 변경했고 이것이 지금까지 이어지고 있다.

↦   애스턴 마틴(Aston Martin)

자전거와 모터스포츠를 사랑한 엔지니어이자 레이서인 라이어널 마틴은 자전거 동호회에서 만나 친구가 된 엔지니어 로버트 밤포드와 뜻을 합쳐 1912년 밤포드 & 마틴이라는 회사를 만든다. 그리고 1914년 라이어널 마틴이 애스턴 힐 클라임 레이스 대회에서 우승을 차지한 것을 기념해 대회가 펼쳐진 애스턴과 대회에서 우승한 라이어널 마틴의 성을 합쳐 애스턴 마틴으로 회사 이름을 바꾼다. 제임스 본드가 타던 그 차의 회사 이름은 이렇게 만들어졌다.

↦ 아우디(Audi)

독일 프리미엄 자동차 3사 중 하나인 아우디는 창업자 아우구스트 호르히의 성인 호르히를 라틴어로 번역한 표현이다. 그런데 그는 왜 굳이 라틴어로 회사 이름을 정했을까? 아우구스트 호르히는 카를 벤츠 밑에서 엔지니어로 일했다. 하지만 자동차에 대한 철학에 차이를 느낀 그는 회사를 나와 자신의 이름을 딴 호르히 자동차를 세웠다. 성장기에 있던 호르히 자동차였지만 경영진과 창업자는 갈등을 겪게 되고, 아우구스트 호르히는 자신이 만든 회사를 떠나야 했다. 이대로 물러설 아우구스트 호르히가 아니었다. 그는 다시 자동차 회사를 세운다. 하지만 자신의 성인 호르히를 쓸 수 없었다. 이미 법적으로 인정받고 있는 호르히 자동차가 있었기 때문이다. 그때 사업 파트너 중 한 명의 아들이 아이디어를 냈다. 호르히는 쓸 수 없지만 그 라틴어 표현은 쓸 수 있다는 것이었다. 아우디는 그렇게 1910년 닻을 올리고 새로운 항해를 시작한다. 1932년 세계 대공황의 여파로 경영난을 겪던 아우디는 다른 세 회사와 하나로 합쳐진다. 세 곳은 데카베, 반더러, 그리고 호르히였다. 이들은 아우토 우니온으로 다시 시작했으며 하나됨을 나타내는 그 유명한 네 개의 링 엠블럼은 합친 각 회사의 결속을 의미한다.

↦   BMW

1913년 카를 라프는 뮌헨에 항공기 엔진 제조사를 세웠다.
1916년에는 구스타프 오토의 항공기 제조사와 합병하게
되고, 이듬해 카를 라프가 떠난 회사는 바이에리셰 모토렌
베르케(Bayerische Motoren Werke)로 회사명을 바꾼다.
이때 회사 이름 앞 글자를 딴 BMW가 처음 등장했다. 그리고
1922년, 새로운 회사와 합병하며 BMW는 브랜드로서 자리를
확고히 하게 된다. BMW는 처음에는 항공기를 만들던
곳이었다. 그러나 제1차 세계대전 이후 항공기 엔진 생산이
금지되자 살길을 찾아 오토바이와 자동차 생산으로 방향을
튼다. 1928년 딕시 자동차를 생산하던 아이제나흐 공장을
인수하고 이듬해인 1929년 딕시 모델에 BMW 엠블럼을 달고
BMW 3/15를 출시한다. 이렇게 BMW 자동차 역사는 시작됐다.

↦   캐딜락(Cadillac) & 링컨(Lincoln)

캐딜락이라는 이름은 1701년 미국의 디트로이트 지역을
개척한 프랑스 귀족이자 탐험가인 앙투안 드 라 모트
카디야크(Antoine de la Mothe Cadillac) 경의 이름에서
유래했다. 1902년 엔지니어 헨리 릴런드는 파산 직전의
디트로이트 자동차 회사를 인수한다. 그리고 그 지역을
개척한 카디야크 경의 이름을 기려 회사명을 캐딜락이라고
했다. 캐딜락의 엠블럼은 카디야크 가문의 문장을 바탕으로

만들어졌다. 창업자 헨리 릴런드는 과거 헨리 포드와 일했는데, GM에 캐딜락을 매각하고 이후 링컨 자동차를 설립해 다시 포드사에 넘기는 장사 수완을 발휘했다. 참고로 링컨 자동차 이름은 미국의 16대 대통령인 에이브러햄 링컨에서 따온 것이다. 캐딜락은 GM 계열로, 그리고 링컨은 포드의 계열사로 자리했고 모두 미국 프리미엄 브랜드로 자부심을 이어가고 있다.

↦ 쉐보레(Chevrolet)

쉐보레 역시 사람 이름에서 유래됐다. 스위스 태생의 레이서이자 엔지니어인 루이 쉐보레는 미국으로 이주, 인디애나 폴리스 500과 같은 미국의 대표적 레이스 대회에서 활동하며 명성을 쌓았다. 1911년 GM의 창립자인 윌리엄 듀랜트와 쉐보레 모터 카 컴퍼니를 설립한다. GM에서 밀려난 윌리엄 듀랜트는 루이 쉐보레의 명성을 빌려 다시 무대에 서고자 했다. 그러나 루이 쉐보레와 윌리엄 듀랜트는 경영 철학이 맞지 않았고, 그에 따른 갈등을 이기지 못한 루이 쉐보레는 회사를 나오게 된다. GM을 되찾겠다는 생각으로 가득했던 윌리엄 듀랜트는 결국 쉐보레 자동차를 발판으로 1916년 GM 경영권을 가져오는 데 성공한다. 쉐보레는 GM 계열사가 되었고, 지금까지 이어져오고 있다. 회사를 떠난 루이 쉐보레는 어떻게 됐을까? 고성능, 고품질 자동차 만들기를 꿈꾸던 그는 많은 노력을 했지만 실패하고 빈털터리가 된 후 자신이 세운 회사로 돌아온다. 다만 신분은 쉐보레 공장의 노동자였다. 여러 질병으로 고통받던 루이 쉐보레는 1941년 심장마비로 세상을 떠났다. 루이 쉐보레는 자동차 초기 역사에 가장 비극적 인물 중 한 명으로 기록돼 있다.

↦ 시트로엥(Citroën)

1919년 프랑스인 앙드레 시트로엥이 설립한 프랑스 자동차 회사이다. 앙드레 시트로엥은 네덜란드 유대계 출신의 프랑스인이다. 조상들이 네덜란드에서 과일을 파는 상인이었는데, 직업적인 이유로 원래 성 대신 네덜란드어로 레몬을 뜻하는 시트룬으로 성을 바꿨다. 후손들이 다시 프랑스로 이주하면서 프랑스어에 맞게 성을 시트로엥으로 변경했다. 앙드레 시트로엥은 기어 생산 공장을 설립해 사업가로 성공하는데, 제1차 세계대전 때는 프랑스 정부의 의뢰로 포탄 등 군수품을 대량 생산하며 엄청난 부를 축적했다. 전쟁 후 자동차 사업에 진출했고 미국 포드의 생산 시스템을 연구한 끝에 유럽 최초로 대량 생산 자동차 Type A를 출시하며 성공적인 시작을 알렸다.

↦   피아트(FIAT)

FIAT는 Fabbrica Italiana di Automobili Torino의 약자다. '토리노 이탈리아 자동차 공장' 정도로 번역이 된다. 1899년 이탈리아 토리노에서 조반니 아넬리를 비롯한 투자자들이 함께 회사를 설립했다. 피아트는 이탈리아어 약자이지만 이를 라틴어로 바꾸면 '그리될지어다'라는 의미가 된다. 공동 창업자 중 한 명인 아리스티데 파치올리는 FIAT를 회사 이름으로 하는 게 어떻겠느냐고 제안한 인물로 알려져 있다. 또 다른 공동 창업자 체사레 고리아 가티 역시 파치올리의 주장에 동조하며 라틴어 뜻이 좋으니 이대로 가자며 적극 지지하고 나섰다. 내부에서 너무 종교적인 의미가 담겨 있는 것 아니냐며 우려를 표명하기도 했지만 결과적으로 받아들여졌다. 초기 자동차 회사들 이름이 별다른 뜻 없이 창업자 이름이나 지역명이 들어간 것과 달리 피아트는 나름의 의미와 의도가 담겨 있다고 할 수 있다. 다만 피아트의 라틴어 연관설은 후대에 덧붙여진 것이라는 반론도 존재하기 때문에 이 부분은 고려할 필요가 있다.

↦   재규어(Jaguar)

원래 이름은 SS Cars였다. 1922년 윌리엄 라이언스와 윌리엄 웜즐리가 설립한 스왈로 사이드카 컴퍼니는 모터사이클 사업 부문을 정리하고 1934년 정식으로 자동차 사업에 진출하면서

SS Cars라는 브랜드를 사용하기 시작한다. 그보다 앞선 1931년 첫 모델 SS 1을 내놓았으며, 1935년에는 첫 번째 히트 모델 SS 100과 SS 재규어 등을 연달아 내놓았다. 그런데 생각지도 못한 벽에 부딪혔다. 당시는 독일에서 나치가 권력을 잡은 시기였다. 그리고 1925년 히틀러와 나치당을 보호하기 위한 조직 슈츠슈타펠이 만들어진 후였다. 슈츠슈타펠, 이 친위대는 흔히 SS로 불린다. 의도한 것은 아니었지만 나치 친위대와 회사명이 같았고 이를 계속 사용할 수는 없었다. 결국 2차 세계대전 직후인 1945년 회사 이름은 재규어 자동차로 바뀐다. 엠블럼을 통해서도 알 수 있듯 재규어는 동물 재규어다. 강력함과 속도, 그리고 우아함을 동시에 지닌 재규어처럼 달리고 싶다는 의지를 담았다.

↦ 지프(Jeep)

자동차 회사의 이름은 대체로 그 유래가 분명하게 파악된다. 하지만 지프는 예외다. 지금까지도 지프의 이름이 어떻게 해서 만들어졌는지는 불분명하다. 가장 유력한 설은 군용차 약어 설이다. 2차 세계대전 당시 미군이 사용했던 다목적 차량(General Purpose vehicle)의 약자 G.P.를 소리 나는 대로 발음하면 지프가 되며, 이 발음을 그대로 브랜드로 가져왔다는 주장이다. 두 번째는 군대에서 쓰이는 비공식 표현 설이다. Jeep는 제1차 세계대전 당시부터 신병이나 아직 검증이 안 된 차량을 가리키는 용어였으며, 제2차 세계대전 때까지 사용이 이어졌다는 주장이다. 세 번째는 놀랍게도 만화 캐릭터와의 관련설이다. 1936년 뽀빠이에 등장하는 유진 더 지프(Eugene the Jeep)는 어디든 갈 수 있는 초능력 동물로 그려졌으며, 군인들은 새로 투입된 군용차의 능력이 이 캐릭터와 닮았다고 하여 지프로 부르게 됐다는 설이다. 군용차 약어설과 함께 이 설이 가장 유력하다. 1941년 차량을 개발한 윌리스 오버랜드의 테스트 드라이버 어빙 하우스만이 시연한 자리에서 이 차를 '지프'라고 불렀는데 그것이 언론을 통해 공개됐다. 윌리스 오버랜드는 지프를 상표 등록 했지만 1963년이 되어서야 지프가 회사명으로 공식화됐다.

↦ 기아(Kia)

기아는 한자 일어날 기(起)와 아시아 아(亞)를 조합해 만들어진 이름이다. 아시아로부터 일어선다는 뜻으로, 아시아를 기반으로 한 세계적 기업이 되고자 했던 그들의 바람은 그 꿈처럼 이뤄졌다. 1944년 경성 정공으로 시작해 자전거 부품과 강관을 생산했고, 1952년에 회사명을 기아 산업으로 변경했다. 초기에는 자전거, 이후에는 오토바이와 트럭을 만들며 성장했고, 기아 최초의 자동차 브리사가 나온 1974년이 되어서야 자동차 전문 기업으로 본격 활약하게 되었다.

↦ 렉서스(Lexus)

일본 고급 자동차 브랜드의 대명사 렉서스는 1983년 토요타 회장 도요다 에이지의 지시로 시작된 프로젝트에서 탄생했다. 마케팅 대행사와 컨설팅 회사가 네이밍 작업을 주도한 가운데 새로운 브랜드 후보는 219개나 됐다. 이중 Alexis, Chaparel, Calibre, Vectre, Verone 등이 최종 후보가 됐다. 알렉시스가 그중 유력했지만 당시 미국의 인기 드라마 〈다이너스티〉의 악녀 캐릭터인 알렉시스 캐링턴을 연상시킨다는 의견에 포기한다. 그러나 알렉시스를 완전히 버린 것은 아니었다. A를 떼고 I를 U로 바꾼 렉서스라는 단어가 만들어졌다. 특별한 뜻은 없다. 럭셔리(luxury)와 우아함(elegance)를 연상시키는 것으로 충분했다. 발음과 표기 자체로 브랜드 이미지를 드러낸 아주 드문 사례다.

↦ 메르세데스 벤츠(Mercedes Benz)

카를 벤츠와 고틀리프 다임러 두 사람이 세운 회사 벤츠 & Cie와 다임러 모토렌 게젤샤프트(DMG)는 1926년 경제 위기 속에서 합병되었다. 창업자 두 명 사후의 일이었다. 이때 이미 메르세데스 벤츠라는 브랜드명으로 승용차가 생산되고 있었다. 당시에는 브랜드명과 법인명이 차이가 있었다. 법적인 회사명은 다임러-벤츠 AG. 긴 시간이 지난 뒤 1998년 미국 크라이슬러와 합병하며 회사명은

다임러크라이슬러 주식회사가 됐다. 그리고 2007년 크라이슬러 지분을 매각하며 회사 이름을 다임러 AG로 되돌렸다. 그리고 한 차례 정리를 통해 2022년부터 현재의 메르세데스 벤츠가 정식 회사 이름으로 사용되고 있다. 메르세데스는 고틀리프 다임러의 자동차를 좋아했던 오스트리아 출신 외교관이자 사업가이자 레이서였던 에밀 옐리네크의 딸 이름이다. 새로운 자동차를 36대나 주문하는 큰손이었던 그의 요구에 따라 해당 모델은 메르세데스 35hp로 판매됐고, 이때 이후 메르세데스는 삼각별을 대표하는 모델명이자 회사 이름이 됐다.

↦ 푸조(Peugeot) & 르노(Renault)

프랑스 자동차 역사의 산증인 푸조. 1810년 프랑스에서 철강 공장으로 시작된 사업은 재봉틀, 커피 분쇄기, 심지어 총알 등을 만드는 일까지 다양하게 확장됐다. 그러던 푸조가 자동차를 생산한 것은 1889년의 일이었다. 가문의 후손이었던 아르망 푸조는 자동차에서 기업의 미래를 봤다. 가문 성씨를 그대로 회사 이름으로 가져왔으며 1850년, 그러니까 자동차 기업이 되기 이전부터 사용했던 사자 로고가 지금까지 이어지고 있다. 푸조의 라이벌 하면 떠오르는 르노 역시 1899년 르노 가문의 삼형제에 의해 세워졌다. 푸조가 여러 사업을 거치며 자동차 기업이 된 것과는 달리 르노는 처음부터 자동차 기업으로 태어났다.

↦ 테슬라(Tesla)

세르비아계 미국인 발명가이자 전기 공학자 니콜라 테슬라를 기리는 의미에서 만들어진 테슬라는 일론 머스크와 무관하게 출발했다. 2003년 마틴 에버하드와 마크 타페닝은 니콜라 테슬라가 1888년에 발명한 모터를 활용해 스포츠카를 만들겠다며 의기투합했다. 그리고 이듬해인 2004년 페이팔 매각으로 큰 자금을 모은 일론 머스크는 테슬라의 초기 자금 조달에 결정적 역할을 하며 이사회 의장 자리에 오른다. 2008년 재정 위기 속에 당시 CEO 제에브 드로리가 사임하자 그의 뒤를 이어 일론 머스크가 새로운 CEO가 된다. 그러나 창립 멤버였던 마틴 에버하드와 마크 타페닝은 일론 머스크와의 갈등으로 회사를 떠난다. 당시 언론이 '죽음의 시계'로 부르던 극심한 경제 위기 속에서도 회사를 성공적으로 이끈 일론 머스크는 결국 테슬라를 전기차 최고 기업으로 만들었다.

↦ 볼보(Volvo)

볼보는 라틴어로 '나는 굴러간다'라는 뜻이다. 볼보는 원래 자동차 기업이 아니었다. 1915년 스웨덴의 베어링 제조사 SKF가 자사의 새로운 볼 베어링 시리즈에 사용할 상표로 볼보를 등록했다. 하지만 SKF는 한동안 볼보 대신 자사 이름을 사용했다. 그렇게 사장되는가 싶던 볼보가 다시 등장한 것은 1927년이었다. SKF에서 영업과 엔지니어 파트에서 일하던 아사르 가브리엘손과 구스타브 라르손은 1924년 스웨덴의 추운 겨울과 거친 지형에 어울리는 튼튼한 차를 만들기로 했다. 그렇게 뜻을 모은 지 3년 만인 1927년, SKF 그룹 자회사로 자동차 사업을 시작하게 되었고 예전에 등록했던 상표 볼보를 꺼내들었다.

모빌리스
: 문화와 예술이 된 자동차

1판 1쇄 2025년 11월 26일 펴냄

지은이 : 이완
 펴낸이 : 최선혜
  편집 : 최선혜 임선영 서현승
   디자인 : 이기준
    인쇄 및 제책 : 세걸음

        펴낸곳 시간의흐름
        출판등록 제2017-000066호
        주소 서울시 서초구 바우뫼로11안길 25
        이메일 deltatime.co@gmail.com

ISBN 979-11-90999-23-6 03900

* 이 책의 일부 또는 전부를 재사용하려면 반드시
저작권자와 시간의흐름 출판사 양측의 동의를 얻어야
합니다.